DO CONTRATO SOCIAL

DO CONTRATO SOCIAL

JEAN-JACQUES ROUSSEAU

Principis

Esta é uma publicação Principis, selo exclusivo da Ciranda Cultural
© 2021 Ciranda Cultural Editora e Distribuidora Ltda.

Traduzido do original em francês
Du contrat social

Texto
Jean-Jacques Rousseau

Tradução
Lucas Medeiros | Beluga Editorial

Preparação
Isadora Sinay | Beluga Editorial
Maria Stephania da Costa Flores

Revisão
Uriel Carvalho | Beluga Editorial
Agnaldo Alves
Valquíria Della Pozza

Produção editorial e projeto gráfico
Ciranda Cultural

Diagramação
Fernado Laino | Linea Editora

Imagens
first vector trend/shutterstock.com;
Yurlick/shutterstock.com

Dados Internacionais de Catalogação na Publicação (CIP) de acordo com ISBD

R864d	Rousseau, Jean-Jacques
	Do contrato social / Jean-Jacques Rousseau ; traduzido por Beluga Editorial. - Jandira, SP : Principis, 2021.
	128 p. ; 15,5cm x 22,6cm. - (Clássicos da literatura mundial)
	Tradução de: Du contrat social
	ISBN: 978-65-5552-227-3
	1. Contrato social. 2. Ciência política. 3. Filosofia. I. Beluga Editorial. II. Título. III. Série.
2020-2935	CDD 320 CDU 32

Elaborado por Odilio Hilario Moreira Junior - CRB-8/9949

Índice para catálogo sistemático:
1. Ciência política 320
2. Ciência política 32

1ª edição em 2021
www.cirandacultural.com.br
Todos os direitos reservados.
Nenhuma parte desta publicação pode ser reproduzida, arquivada em sistema de busca ou transmitida por qualquer meio, seja ele eletrônico, fotocópia, gravação ou outros, sem prévia autorização do detentor dos direitos, e não pode circular encadernada ou encapada de maneira distinta daquela em que foi publicada, ou sem que as mesmas condições sejam impostas aos compradores subsequentes.

SUMÁRIO

Aviso...7

Livro I 9

  1. Assunto deste primeiro livro 10

  2. Das primeiras sociedades..10

  3. Do direito do mais forte..12

  4. Da escravidão 13

  5. De como se deve sempre retornar a uma primeira convenção...17

  6. Do pacto social..18

  7. Do soberano...20

  8. Do estado civil...23

  9. Do domínio real 24

Livro II 27

  1. Que a soberania é inalienável.....................................27

  2. Que a soberania é indivisível......................................28

  3. Se a vontade geral pode errar 30

  4. Dos limites do poder soberano 31

  5. Do direito da vida e da morte......................................35

  6. Da lei..37

  7. Do legislador...40

  8. Do povo...43

  9. Continuação..45

  10. Continuação..48

  11. Dos diversos sistemas de legislação 50

  12. Divisão das leis 52

Livro III..54

1. Do governo em geral 54
2. Do princípio que constitui as diversas formas de governo.......59
3. Divisão dos governos..62
4. Da democracia...63
5. Da aristocracia...65
6. Da monarquia..67
7. Dos governos mistos...73
8. Que nem toda forma de governo é própria a todo país............74
9. Dos sinais de um bom governo....................................79
10. Do abuso do governo e de sua tendência à degeneração.........80
11. Da morte do corpo político 82
12. Como se mantém a autoridade soberana.......................83
13. Continuação..84
14. Continuação..86
15. Dos deputados ou representantes 87
16. Que a instituição do governo não constitui um contrato.........90
17. Da instituição do governo...91
18. Meios de prevenir as usurpações do governo 93

Livro IV 95

1. Que a vontade geral é indestrutível 95
2. Dos sufrágios 97
3. Das eleições.. 100
4. Dos comícios romanos.. 102
5. Do tribunato 112
6. Da ditadura 114
7. Da censura 116
8. Da religião civil 118
9. Conclusão... 127

AVISO

Este pequeno tratado é extraído de uma obra mais extensa, outrora empreendida sem consulta às minhas forças e desde muito abandonada.

Dos vários excertos possíveis de retirar do que havia sido feito, este é o mais considerável e me pareceu o menos indigno de oferecer ao público. Nada mais resta.

LIVRO I

Pretendo investigar se, na ordem civil, pode haver alguma regra de administração legítima e confiável que considere os homens tais como são e as leis tais como podem ser. Impor-me-ei sempre como tarefa, nessa investigação, unir aquilo que o direito permite com aquilo que o direito prescreve, a fim de que a justiça e a utilidade não se encontrem divididas.

Entro na matéria sem provar a importância do meu tema. Vão me perguntar se sou príncipe ou legislador para escrever sobre política. Respondo que não, e que é por isso mesmo que posso escrever sobre política. Se fosse príncipe ou legislador, não perderia o meu tempo a dizer o que deveria ser feito; faria, ou me calaria.

Nascido cidadão de um Estado livre, e membro de um soberano, qualquer tênue influência que possa ter a minha voz nos assuntos públicos, o direito de votar basta para me impor o dever de me instruir neles: feliz, todas as vezes que medito acerca dos governos, de sempre encontrar em minhas pesquisas novas razões para apreciar o meu país.

1

Assunto deste primeiro livro

O homem nasceu livre e por toda parte encontra-se preso a ferros. Acredita ser senhor dos outros, mas não deixa de ser mais escravo que eles. Como se produziu essa transformação? Ignoro. O que a torna legítima? Creio poder solucionar tal questão.

Se eu considerasse apenas a força e o efeito que dela deriva, eu diria: "Tanto quanto um povo seja forçado a obedecer e obedeça, faz bem; tão logo possa libertar-se desse jugo e se liberte, faz ainda melhor: pois, recuperando a liberdade com o mesmo direito pelo qual lha arrancaram, ou esse direito o habilita a retomá-la ou não poderia ter servido de justificativa para que a retirassem". Mas a ordem social é um direito sagrado que serve de base a todos os outros. Entretanto, esse direito não provém da natureza; ele é fundado sobre convenções. Trata-se de descobrir quais são essas convenções. Antes de abordar isso, preciso estabelecer o que acabo de apresentar.

2

Das primeiras sociedades

A mais antiga de todas as sociedades, e a única natural, é a da família: e mesmo os filhos não ficam ligados ao pai senão pelo tempo necessário para a sua conservação. Tão logo cesse essa necessidade, o elo natural se dissolve. Os filhos, isentos da obediência que deviam ao pai; o pai, isento dos cuidados que devia aos filhos, entram todos igualmente na independência. Se permanecerem unidos, já não é mais naturalmente, é de maneira voluntária; e a própria família só se mantém por convenção.

Essa liberdade comum é uma consequência da natureza do homem. Sua lei primária é zelar por sua própria conservação, os seus primeiros

Do Contrato Social

cuidados são os que deve a si mesmo; e assim que alcança a idade da razão, sendo ele o único juiz dos meios adequados para se conservar, torna-se por isso o seu próprio senhor.

A família é portanto, poder-se-ia dizer, o primeiro modelo das sociedades políticas: o chefe é a imagem do pai, o povo a imagem dos filhos; e todos, nascidos iguais e livres, não alienam a sua liberdade a não ser por utilidade. Toda a diferença reside em que, na família, o amor do pai pelos filhos compensa os cuidados que ele lhes dá; e que, no Estado, o prazer de comandar substitui esse amor que o chefe não tem pelos povos.

Grócio[1] nega que todo poder humano seja estabelecido em favor daqueles que são governados: ele cita a escravidão como exemplo. A sua maneira mais constante de raciocinar é estabelecer sempre o direito pelo fato. Poderíamos empregar um método mais consequente, mas não mais favorável aos tiranos.

É portanto questionável, segundo Grócio, indagar se o gênero humano pertence a uma centena de homens, ou se esta centena de homens pertence ao gênero humano: e ele parece, por todo o seu livro, tender à primeira opinião: também é esse o sentimento de Hobbes. Eis então a espécie humana dividida em rebanhos de gado, cada qual com o seu senhor, que a acolhe para devorá-la.

Tal como um pastor é de uma natureza superior à do seu rebanho, os pastores de homens, que são os seus chefes, também são de uma natureza superior à de seus povos. Assim pensava, como relata Fílon, o imperador Calígula, concluindo tranquilamente dessa analogia que os reis eram deuses, ou que os povos eram bestas.

O raciocínio desse Calígula remete ao de Hobbes e ao de Grócio. Aristóteles, antes de todos eles, também disse que os homens não são naturalmente iguais, mas que uns nascem para a escravidão e outros para a dominação.

---

[1] Hugo Grócio, ou Hugo Grotius, influente jurista holandês no século XVII. (N.T.)

Aristóteles estava certo, porém tomava o efeito pela causa. Todo homem nascido na escravidão nasce para a escravidão, nada é mais assegurado. Os escravos perdem tudo sob os grilhões, até o desejo de escapar; amam a sua serventia como os companheiros de Ulisses[2] amavam o próprio embrutecimento. Se há, portanto, escravos por natureza, é porque houve escravos contra a natureza. A força criou os primeiros escravos, a sua covardia os perpetuou.

Eu nada disse do rei Adão, nem do imperador Noé, pai de três grandes monarcas que partilharam entre si o universo, como fizeram os filhos de Saturno, nos quais se acreditou reconhecer aqueles. Espero que apreciem a minha moderação; pois, descendente direto de um desses príncipes, e possivelmente do ramo mais velho, quem sabe se, pela verificação dos títulos, eu não me encontraria como legítimo rei da espécie humana? Como quer que seja, não podemos discordar que Adão não era o soberano do mundo como Robinson o era da sua ilha, enquanto dela foi o único habitante; o que havia de conveniente nesse império era que o monarca, assegurado em seu trono, não tinha a temer nem rebelião, nem guerra, nem conspiradores.

3
Do direito do mais forte

O mais forte nunca é forte o bastante para ser eternamente o senhor, caso não transforme a sua força em direito e a obediência em poder. Daí o direito do mais forte; direito tomado, por ironia, em aparência, e realmente estabelecido em princípio. Mas nunca nos hão de explicar essa palavra? A força é uma potência física: não vejo que moralidade pode resultar dos seus efeitos. Ceder à força é um ato de necessidade, não de vontade; quando muito um ato de prudência. Em que sentido pode vir a ser um dever?

---

[2] Referência ao poema épico *Odisseia*, atribuído ao poeta grego Homero (928-898 a.C.). (N.T.)

Consideremos por um momento esse pretenso direito. Digo que dele não resulta nada além de um palavrório inexplicável; pois como é a força que cria o direito, o efeito modifica-se com a causa: toda força que ultrapasse a primeira sucede a seu direito. A partir do momento que se pode desobedecer impunemente, pode-se também fazê-lo de modo legítimo; e, como o mais forte tem sempre razão, basta cuidar para que sejamos nós os mais fortes. Ora, o que é um direito que perece quando a força cessa? Se é preciso obedecer por via da força, não precisamos obedecer por dever; e se não somos mais forçados a obedecer, não somos mais obrigados a isso. Vemos, dessa maneira, que essa palavra direito nada acrescenta à força; ela aqui não quer dizer absolutamente nada.

Obedecei aos poderosos. Se isso quer dizer cedei à força, o preceito é bom, porém supérfluo; respondo que jamais será violado. Todo poder emana de Deus, admito; mas toda enfermidade também vem Dele: quer isso dizer que não se deva recorrer ao médico? Se um bandido me surpreende no canto de um bosque, devo, por força, entregar-lhe a bolsa; mas, se eu pudesse salvá-la, estaria, por dever de consciência, obrigado a dá-la? Porque, afinal, a pistola que ele empunha é uma forma de poder.

Convenhamos, portanto, que força não implica direito, e que só estamos obrigados a obedecer aos poderes legítimos. Assim nos reencontramos com a minha questão inicial.

4
Da escravidão

Por nenhum homem possuir nenhuma autoridade natural sobre o seu semelhante, e pelo fato de a força não produzir nenhum direito, restam então as convenções como base de toda autoridade legítima entre os homens.

Se um indivíduo, diz Grócio, pode alienar a sua liberdade e se tornar escravo de um senhor, por que não poderia todo um povo alienar a sua e se tornar súdito de um rei? Haverá aqui termos ambíguos que necessitam de explicação, mas retenhamo-nos sobre "alienar". A palavra alienar significa dar ou vender. Ora, um homem que se faz escravo de outro não se dá; ele se vende, pelo menos em troca de subsistência; mas um povo, por que se vende? Longe de um rei fornecer a seus súditos a sua subsistência, antes tira deles a sua; e, de acordo com Rabelais, um rei não vive de pouco. Os súditos dão, portanto, a sua própria pessoa sob a condição de que se tomem também os seus bens? Não vejo o que lhes resta a preservar.

Dir-se-á que o déspota assegura a seus súditos a tranquilidade civil. Que seja. Mas o que ganham eles se as guerras que a ambição do déspota atrai, se a sua avareza insaciável, se os vexames de seu ministério os desgraçam mais do que causariam as suas divergências? Que ganham eles se essa mesma tranquilidade é uma de suas misérias? Também se vive tranquilamente numa cela solitária: seria, contudo, bastante para um homem se sentir bem? Os gregos encerrados no antro do Ciclope[3] viviam tranquilos, à espera de sua vez de serem devorados. Dizer que um homem se entrega de maneira voluntária é dizer uma coisa absurda e inconcebível; um ato assim é ilegítimo e nulo pelo simples fato de que aquele que procede desse modo não está no seu pleno juízo. Dizer o mesmo de um povo inteiro é supor um povo de loucos: a loucura não faz direito.

Mesmo se cada um pudesse alienar a si mesmo, não poderia alienar os filhos; eles nascem homens e livres; a sua liberdade a eles pertence, e ninguém tem o direito de dispor dela a não ser eles mesmos. O pai pode, antes de os filhos entrarem na idade da razão, e em seus nomes, estipular condições para a sua preservação, pelo bem-estar deles, mas não pode fazê-lo de maneira irrevogável e sem condições; pois uma doação assim é contrária aos fins da natureza e ultrapassa os direitos da paternidade. Deve-se, consequentemente, para que um governo arbitrário seja legítimo, estipular que a cada geração o povo seja o senhor que venha a admiti-lo ou rejeitá-lo; mas aí o governo já não seria arbitrário.

---

[3] Na mitologia grega, os Ciclopes eram gigantes com um só olho no centro da testa. Rousseau, aqui, refere-se ao hábito que eles tinham de devorar seres humanos. (N.T.)

Do Contrato Social

Renunciar à liberdade é renunciar à sua qualidade humana, aos direitos da humanidade, mesmo aos seus deveres. Não há remediação possível a quem quer que renuncie a tudo. Uma renúncia assim é incompatível com a natureza do homem; e significa retirar toda moralidade das suas ações e subtrair toda a liberdade da sua vontade. Enfim, é uma convenção vazia e contraditória a de estipular, por um lado, uma autoridade absoluta, e, por outro, uma obediência sem limites. Não é claro que em nada estamos comprometidos para com aquele de quem temos o direito de tudo exigir? E esta única condição, sem equivalente, sem troca, não implica a nulidade do ato? Pois que direito teria o meu escravo contra mim, uma vez que tudo que ele tem me pertence e que, seu direito sendo o meu, esse direito de mim contra mim mesmo é um termo que não faz sentido algum?

Grócio e os outros retiram da guerra uma outra origem do pretenso direito de escravidão. Tendo o vencedor, segundo eles, o direito de matar o vencido, este poderia comprar a sua vida à custa da própria liberdade; convenção tanto mais legítima por se dar pelo lucro de ambos.

Mas é evidente que esse suposto direito de matar os vencidos não resulta, de nenhuma maneira, do estado de guerra. É por isso, exclusivamente, que os homens, vivendo em sua independência primitiva e não tendo entre eles um relacionamento suficientemente constante que chegue a constituir seja o estado de paz, seja o estado de guerra, não são de todo naturalmente inimigos. É a relação das coisas, e não a relação dos homens, que constitui a guerra; e não podendo o estado de guerra nascer de simples relações pessoais, mas somente de relações reais, a guerra privada ou de homem contra homem não pode existir nem no estado de natureza, nem no estado social, onde tudo está sob a autoridade das leis.

Os combates particulares, os duelos, os encontros, são atos que simplesmente não constituem um Estado; e no que concerne às guerras privadas, autorizadas pelos Estabelecimentos de Luís IX, rei de França, e suspensas pela paz de Deus, são abusos do governo feudal, sistema absurdo como jamais houve, contrário aos princípios do direito natural e a todo bom regime.

Jean-Jacques Rousseau

Desse modo, a guerra não é uma relação de homem a homem, mas de Estado a Estado, na qual os particulares não são inimigos senão acidentalmente, não como homens, nem mesmo como cidadãos, mas como soldados; não como membros da pátria, mas como seus defensores. Enfim, cada Estado só pode ter como inimigos outros Estados e não homens, já que entre coisas de naturezas distintas não se pode fixar nenhuma relação verdadeira.

Este princípio está de acordo com as máximas estabelecidas em todos os tempos e a prática constante de todos os povos civilizados. As declarações de guerra são menos advertências às autoridades do que aos sujeitos seus súditos. O estrangeiro, seja rei, seja particular, seja povo, que roube, mate ou detenha os súditos, sem declarar guerra ao príncipe, não é um inimigo, é um salteador. Mesmo em plena guerra, um príncipe justo apropria-se, em país inimigo, de tudo o que pertence ao público; porém respeita a pessoa e os bens dos particulares; respeita os direitos sobre os quais se fundamentam os seus. Sendo o objetivo da guerra a destruição do Estado inimigo, existe um direito de aniquilar os defensores deste na medida em que se encontrem armados; mas assim que deponham as suas armas e se rendam, cessando de ser inimigos ou instrumentos do inimigo, tornam-se simplesmente homens, e já não existe mais direito algum sobre a sua vida. Pode-se por vezes aniquilar o Estado sem aniquilar sequer um dos seus membros: ora, a guerra não dá nenhum direito que não o necessário para seu fim. Os seus princípios não são aqueles de Grócio; não são fundados sobre a autoridade de poetas; antes derivam da natureza das coisas e são fundados sobre a razão.

Relativamente ao direito de conquista, este não tem outro fundamento além da lei do mais forte. Se a guerra não dá ao vencedor o direito de massacrar os povos vencidos, este direito, que ele não tem, não pode fundamentar o de subjugá-los. O direito de matar o inimigo só surge quando não se pode fazer dele escravo; assim sendo, o direito de escravizá-lo não origina do direito de matar: é, portanto, uma troca iníqua fazer que

Do Contrato Social

ele compre a sua vida ao preço da sua liberdade, sobre a qual não existe direito algum. Estabelecendo o direito de vida e morte sobre o direito de escravidão, e o direito de escravidão sobre o direito de vida e de morte, não é evidente que caímos em um círculo vicioso? Mesmo que supondo esse terrível direito de aniquilar a todos, eu digo que um escravo feito na guerra, ou um povo conquistado, não tem nenhuma obrigação, perante o seu senhor, além de obedecer na medida em que é forçado. Ao tomar algo equivalente à sua vida, o vencedor não lhe concedeu nenhuma graça: em vez de matá-lo sem proveito, matou-o inutilmente. Longe de haver adquirido sobre ele alguma autoridade além da força, tem-se que o estado de guerra subsiste entre eles tal como antes, a sua própria relação é efeito daquele; e o uso do direito da guerra não pressupõe nenhum tratado de paz. Estabeleceu-se uma convenção. Que seja: mas essa convenção, longe de destruir o estado de guerra, pressupõe a sua continuidade.

Consequentemente, de qualquer ângulo que abordemos as coisas, o direito da escravidão é nulo, não somente porque é ilegítimo, mas porquanto é absurdo e não significa nada. Essas palavras, escravo e direito, são contraditórias; excluem-se mutuamente. Seja de um homem a outro homem, seja de um homem a um povo, esse discurso será sempre insensato: "Faço contigo uma convenção, toda em teu encargo e toda em meu benefício, a qual seguirei tanto quanto eu queira, e a qual tu seguirás tanto quanto eu queira".

5

De como se deve sempre retornar
a uma primeira convenção

Ainda que eu concordasse com tudo o que refutei até aqui, os promotores do despotismo tampouco estariam mais avançados. Sempre haverá uma enorme diferença entre submeter uma multidão e reger uma sociedade. Se uns homens dispersos, quantos quer que sejam, terminam subjugados por um só, não vejo aí mais do que um senhor e escravos, e não um povo e seu chefe: são, se preferirmos, um agregado, mas não uma associação; ali não existe nem bem público, nem corpo político. Um tal homem, mesmo que viesse a subjugar metade do mundo, não passaria jamais de um indivíduo particular; o seu interesse, separado do interesse dos outros, é invariavelmente apenas um interesse privado. Se esse homem viesse a perecer, o seu império, depois dele, restaria disperso e sem ligação, como um carvalho que se dissolve até ruir em uma montoeira de cinzas, depois de o fogo lhe haver consumido.

Um povo, diz Grócio, pode dar-se a um rei. Logo, segundo Grócio, um povo é um povo antes de se dar a um rei. Este doar-se é em si um ato civil; ele pressupõe uma deliberação pública. Antes, então, de se examinar o ato através do qual um povo elege um rei, seria bom examinar o ato através do qual um povo é povo; pois esse ato, sendo necessariamente anterior ao outro, é o verdadeiro fundamento da sociedade. De fato, se não houvesse convenção anterior, onde existiria, a menos que a eleição fosse unânime, a obrigação da minoria de se submeter à escolha da maioria? E de onde cem que queiram um senhor têm o direito de votar por dez que não o queiram? A lei da pluralidade dos sufrágios é ela própria um estabelecimento de convenção e pressupõe, ao menos uma vez, uma unanimidade.

6
Do pacto social

Suponho que os homens tenham chegado ao ponto em que os obstáculos que prejudicavam a sua conservação no estado de natureza prevaleciam, pela resistência que apresentavam, sobre as forças que cada indivíduo podia empregar para se manter nesse estado. Assim, esse estado primitivo não podia mais subsistir, e a espécie humana pereceria se não mudasse a sua maneira de ser.

Do Contrato Social

Ora, como os homens não podem produzir novas forças, mas apenas unir e dirigir as que existem, não tiveram outro meio para se conservar que não fosse formar, por agregação, uma soma de forças que pudesse triunfar sobre a resistência, que os envolvesse em uma causa motivadora e os fizesse agir em colaboração.

Essa soma de forças somente pode nascer do concurso de muitos; mas sendo a força e a liberdade de cada homem os primeiros instrumentos de sua conservação, como ele as investirá sem se prejudicar e sem negligenciar os cuidados que deve a si? Essa dificuldade, reconduzida ao meu assunto, pode se anunciar nos seguintes termos:

"Encontrar uma forma de associação que defenda e proteja com toda a força comum a pessoa e os bens de cada associado, e através da qual cada um, unindo-se a todos, todavia só obedece a si próprio, e permanece tão livre quanto antes".

Eis o problema fundamental ao qual o Contrato Social dá a solução.

As cláusulas desse contrato são tão determinadas pela natureza do ato que a mínima modificação as deixaria vazias e de efeito nulo; de modo que, mesmo que elas jamais tenham sido formalmente enunciadas, são por toda parte as mesmas, por toda parte tacitamente admitidas e reconhecidas, até que, sendo violado o pacto social, cada um entra logo em seus direitos primordiais, e retoma a sua liberdade natural, perdendo a liberdade convencional pela qual renunciara à liberdade natural.

Essas cláusulas, bem entendidas, reduzem-se todas a uma só – a saber, a alienação total de cada associado, com todos os seus direitos, a toda a comunidade: pois, em primeiro lugar, cada um dando-se por inteiro, a condição é igual para todos; e sendo a condição igual para todos, ninguém tem interesse de torná-la onerosa aos outros.

Ademais, sendo a alienação feita sem reservas, a união é tão perfeita quanto pode ser, e nenhum associado terá do que reclamar: pois, se restassem alguns direitos aos particulares, como não haveria nenhum superior comum que pudesse decidir entre eles e o público, cada um, tornado em algum ponto o seu próprio juiz, pretenderia sem demora sê-lo em todos; o estado de natureza subsistiria, e a associação tornar-se-ia necessariamente tirânica ou fútil.

Enfim, cada um dando-se a todos não está a dar a ninguém; e como não há um associado sobre o qual se adquira o mesmo direito que lhe foi cedido, ganha-se o equivalente de tudo o que se perde e mais força para conservar aquilo que temos. Assim, se afastássemos do pacto social o que não é de sua essência, verificaríamos que ele se reduz aos seguintes termos: "Cada um de nós põe em comum a sua pessoa e todo o seu poder sob a suprema direção da vontade geral; e recebemos a cada membro como parte indivisível do todo".

Nesse instante, em lugar da pessoa particular de cada contratante, este ato de associação produz um corpo moral e coletivo, composto de tantos membros quanto haja vozes na assembleia, o qual recebe desse mesmo ato a sua unidade, o seu eu comum, a sua vida e a sua vontade. Essa pessoa pública, que se forma assim pela união de todas as outras, levava noutros tempos o nome de cidade, e leva agora o de república ou de corpo político, o qual é chamado pelos seus membros de Estado quando passivo, soberano quando ativo, poder quando comparado aos seus semelhantes. Quanto aos associados, levam coletivamente o nome de povo, e chamam-se no nível particular de cidadãos, como participantes da autoridade soberana, e sujeitos ou súditos, enquanto submetidos às leis do Estado. Mas esses termos com frequência são confundidos e toma-se um por outro; é suficiente saber distingui-los quando são empregados em toda a sua precisão.

7

Do soberano

Vemos por essa fórmula que o ato de associação envolve um compromisso recíproco do público com os particulares, e que cada indivíduo,

Do Contrato Social

contratando, por assim dizer, consigo mesmo, encontra-se comprometido em uma dupla relação: a saber, como membro do soberano perante os particulares, e como membro do Estado perante o soberano. Mas não se pode aplicar aqui a máxima do direito civil, de que ninguém está obrigado a compromissos tomados consigo mesmo, pois há efetivamente uma diferença entre obrigar-se perante a si próprio ou perante um todo do qual se é parte.

É necessário constatar também que a deliberação pública, que pode obrigar todos os sujeitos perante o soberano, em virtude de duas diferentes relações sob as quais cada um deles está considerado, não pode, pela razão contrária, obrigar o soberano perante ele mesmo, e que, por conseguinte, é contra a natureza do corpo político que o soberano se imponha uma lei que ele não possa infringir. Não podendo se considerar senão sob uma única e mesma relação, encontra-se no caso, portanto, de um particular contratante consigo mesmo; por onde vemos que não há nem pode haver nenhuma espécie de lei fundamental obrigatória para o corpo do povo, nem mesmo contrato social. O que não significa que esse corpo não possa comprometer-se perfeitamente com outrem, sem quaisquer revogações a esse contrato; pois, no que diz respeito ao estrangeiro, ele se torna um ser simples, um indivíduo. Mas o corpo político ou o soberano, retirando o seu ser unicamente da santidade do contrato, jamais se pode obrigar, mesmo perante outrem, a nada que derrogue esse ato primário, tal como alienar qualquer porção de si mesmo, ou de se submeter a outro soberano. Violar o ato pelo qual ele existe significaria eliminar a si próprio, e o que nada é, nada produz.

Tão logo essa multidão esteja assim reunida em um corpo, não é possível agredir um de seus membros sem necessariamente atacar o corpo, e ainda menos atacar o corpo sem provocar o ressentimento dos seus membros. Assim, o dever e o interesse obrigam igualmente as duas partes contratantes à assistência mútua; e os mesmos homens devem buscar reunir, sob esta dupla relação, todas as vantagens que disso dependam.

Jean-Jacques Rousseau

Ora, o soberano, não sendo formado senão pelos particulares que o compõem, não tem nem pode ter interesses contrários aos deles; por consequência, a autoridade soberana não tem nenhuma necessidade de fiador junto dos sujeitos, porque é impossível que o corpo queira prejudicar a todos os seus membros; e veremos em seguida que ele não pode prejudicar ninguém em particular. O soberano, pelo simples fato de sê-lo, é sempre aquilo que deve ser.

Mas o mesmo não se dá com os sujeitos em relação ao soberano, o qual, não obstante o interesse comum, nada responderia pelos compromissos daqueles caso não encontrasse meios de se assegurar da fidelidade deles.

Efetivamente, cada indivíduo pode, como homem, ter uma vontade particular contrária ou destoante da vontade geral que tem como cidadão; o seu interesse particular pode se distinguir bastante do interesse comum; a sua existência absoluta, e naturalmente independente, pode fazer com que entenda aquilo que deve à causa comum como uma contribuição gratuita, cuja perda seria menos prejudicial aos outros do que seria oneroso para si o pagamento; e vendo a pessoa moral que constitui o Estado como um ser de razão, porque não é um homem, ele gozaria dos direitos do cidadão sem desejar preencher as obrigações do sujeito súdito; injustiça cujo progresso causaria a ruína do corpo político.

A fim, então, de não se constituir em um formulário vazio, o pacto social abrange tacitamente aquele compromisso, que somente pode dar força aos outros, pois quem quer que se recuse a obedecer à vontade geral será compelido à obediência pela totalidade do corpo; o que não significa outra coisa senão o fato de que será forçado a ser livre, pois tal é a condição que, dando cada cidadão à pátria, impede toda dependência pessoal, condição que faz o artifício e o jogo da máquina política, e que sozinha torna os compromissos civis legítimos, que sem isso seriam absurdos, tirânicos, e passíveis dos maiores abusos.

8

Do estado civil

Esta passagem do estado de natureza ao estado civil produz no homem uma mudança verdadeiramente notável, ao levá-lo a substituir, na sua conduta, o instinto pela justiça, e ao dar às suas ações a moralidade que antes lhe faltava. É somente então que, com a voz do dever sucedendo ao impulso físico e ao direito ao apetite, o homem, que até então zelava somente por si, vê-se forçado a agir por outros princípios e a consultar a sua razão antes de ouvir as suas inclinações. Nessa condição, embora se veja privado das diversas vantagens que lhe eram oferecidas pela natureza, ele ganha benefícios ainda maiores: as suas faculdades se exercitam e se desenvolvem, as suas ideias se expandem, os seus sentimentos se enobrecem, a sua alma inteira se eleva a tal ponto que, se os abusos dessa nova condição não o degradassem tantas vezes abaixo daquela de onde saiu, ele haveria de bendizer incessantemente o afortunado momento que para sempre o arrancou de lá, e que de um animal estúpido e limitado transformou-o em um ser inteligente e em um homem.

Reduzamos todo este balanço a termos fáceis de comparar; aquilo que o homem perde pelo contrato social é a liberdade natural e um direito ilimitado a tudo que lhe seja tentador e que possa alcançar; o que ele ganha é a liberdade civil e a propriedade de tudo o que possui. Para não se enganar nessas compensações, é preciso que ele saiba distinguir a liberdade natural, que não tem limites além das forças do indivíduo, da liberdade civil, que é limitada pela vontade geral; e a posse, que é tão somente o efeito da força ou o direito do primeiro ocupante da propriedade, que só pode ser fundada sobre um título positivo.

Poderíamos, ao que precede, adicionar à aquisição do estado civil a liberdade moral, a única que faz do homem o verdadeiro senhor de si; pois o impulso do mero apetite é escravidão, e a obediência à lei que nos

9

Do domínio real

Cada membro da comunidade a ela se entrega no instante de sua formação, tal como ele se encontra nesse momento, ele e todas as suas forças, das quais os bens que possui também fazem parte. Não é que, por esse ato, a posse mude de natureza ao mudar de mãos e se torne propriedade do soberano; mas como as forças da cidade são incomparavelmente maiores do que as de um particular, a posse pública é também, desse modo, mais forte e irrevogável, sem ser mais legítima, ao menos para os estrangeiros: porque o Estado, no que diz respeito a seus membros, e pelo contrato social, fundamento de todos os direitos, é senhor de todos os seus bens, mas não o é, no que concerne às demais autoridades, senão pelo direito do primeiro ocupante, recebido dos particulares.

O direito do primeiro ocupante, muito embora mais real do que o do mais forte, apenas se torna um direito verdadeiro depois do estabelecimento do direito de propriedade. Todo homem tem naturalmente direito a tudo o que lhe é necessário; mas o ato positivo que o torna proprietário de algum bem o exclui de todo o resto. Estabelecida a sua parte, a ela deve limitar-se, sem mais nenhum direito à comunidade. Eis porque o direito do primeiro ocupante, tão fraco no estado de natureza, é respeitável a todo homem civil. Respeita-se menos, nesse direito, aquilo que pertence a outrem do que aquilo que não pertence a nós.

De modo geral, para autorizar sobre um terreno qualquer o direito do primeiro ocupante, são necessárias as condições seguintes: em primeiro lugar, que esse terreno não esteja habitado por ninguém; em segundo lugar, que não se ocupe mais do que a quantidade necessária para a

Do Contrato Social

garantia da subsistência; e, em terceiro lugar, que se tome posse não pela via de uma cerimônia inútil, mas pelo trabalho e o cultivo, únicos sinais de propriedade que, na falta de títulos jurídicos, devem ser respeitados pelos outros.

Com efeito, exigir a necessidade e o trabalho como condições para a outorga do direito do primeiro ocupante não é expandi-lo ao máximo que ele pode ir? Poderíamos estabelecer limites a esse direito? Chegaria para tanto pôr o pé sobre um terreno comum e logo pretender ser seu senhor? Bastaria ter a força para conseguir afastar os outros homens por um momento para lhes retirar para sempre o direito de retornar? Como pode um homem ou um povo apropriar-se de um imenso território e privar dele toda a raça humana senão por via de uma usurpação punível, dado que ela retira ao resto dos homens o abrigo e os alimentos que a natureza dá a todos, em comum? Quando Nuñez Balboa reivindicou, na costa marítima, domínio sobre o mar do Sul e toda a América meridional em nome da coroa de Castela, era isso suficiente para despojar todos os habitantes, assim como excluir todos os príncipes do mundo? Nessa linha, essas cerimônias se multiplicariam com toda a vaidade; e ao rei católico nada mais restaria senão declarar domínio sobre todo o universo, salvaguardado excluir depois do seu império apenas o que já pertencesse aos outros príncipes previamente.

Concebemos como as terras dos particulares reunidas e contíguas tornam-se o território público, e como o direito de soberania, estendendo-se dos sujeitos ao terreno que ocupam, transforma-se na fé real e pessoal; isso coloca os possuidores em uma maior dependência e faz das suas próprias forças a garantia de sua fidelidade; vantagem que não parece ter sido bem compreendida pelos antigos monarcas que, intitulando-se reis dos persas, dos citas, dos macedônios, pareciam considerar-se como chefes dos homens em vez de governantes do país. Os de hoje se chamam mais habilmente de reis de França, da Espanha, da Inglaterra, etc.; contendo assim o terreno, estão bem seguros de conter os seus habitantes.

O que há de singular nessa alienação da aceitação dos bens dos particulares pela comunidade é que esta não os despoja, antes o que faz é assegurar-lhes a sua legítima posse. Ela transforma a usurpação em um direito verdadeiro e o usufruto em propriedade. Assim, os possuidores sendo considerados como depositários do bem público, os seus direitos sendo respeitados por todos os membros do Estado e mantidos por todas as suas forças contra eles mesmos, adquirem, por assim dizer, tudo aquilo que haviam dado: paradoxo que se explica facilmente pela distinção dos direitos que o soberano e o proprietário têm sobre os mesmos patrimônios, como veremos mais adiante.

Pode acontecer também de os homens começarem a se unir antes de possuir alguma coisa, e que, ao se apoderar de um terreno suficiente para todos, usufruam em comunhão, ou que partilhem entre eles, quer igualmente, quer segundo proporções estabelecidas pelo soberano. Qualquer que seja a maneira que se faça essa aquisição, o direito que cada particular tem sobre o seu próprio patrimônio é sempre subordinado ao direito que a comunidade tem sobre todos, sem o qual não haveria nem solidariedade, nem elo social, nem força real no exercício da soberania.

Terminarei este capítulo e este livro com uma observação que deve servir de base a todo sistema social: a de que, em vez de destruir a igualdade natural, o pacto fundamental substitui, pelo contrário, uma igualdade moral e legítima ao que a natureza pode estabelecer de desigualdade física entre os homens, e que, podendo ser desiguais em força ou em gênio, tornam-se iguais por convenção e de direito.

LIVRO II

1
Que a soberania é inalienável

A primeira e mais importante consequência dos princípios previamente estabelecidos é que a vontade geral pode, por si só, dirigir as forças do Estado segundo a finalidade pela qual ele foi instituído, que é o bem comum; pois, se a oposição dos interesses particulares tornou necessário o estabelecimento das sociedades, foi o acordo desses mesmos interesses que as tornou possível. A formação do elo social se dá por aquilo que há de comum nesses diferentes interesses; e se não houvesse algum ponto para o qual todos os interesses convergissem, sociedade nenhuma conseguiria existir. Ora, é unicamente por esse interesse comum que a sociedade deve ser governada. Afirmo, pois, que a soberania, não sendo mais do que o exercício da vontade geral, não pode jamais se alienar, e que o soberano, que é um ser coletivo, não pode ser representado senão por ele próprio; o poder pode muito bem ser transmitido, mas não a vontade.

Efetivamente, se não é impossível que uma vontade particular concorde em algum ponto com a vontade geral, é em todo caso impossível que esse acordo seja durável e constante; porque a vontade particular tende, por sua natureza, às preferências, ao passo que a vontade geral se inclina à igualdade. Ainda mais impossível é obtermos uma garantia quanto a esse acordo, e, mesmo que se apresentasse alguma, não seria fruto de ofício, mas do acaso. O soberano pode perfeitamente dizer: "Quero no momento atual o que também quer tal homem, ou em todo caso o que ele diz querer"; porém não pode dizer: "O que esse homem há de querer amanhã, também eu hei de querer", porque é absurdo que a vontade se acorrente ao futuro, e porque não depende de nenhuma vontade o consentimento de algo contrário ao bem do ser que quer. Se, então, o povo promete simplesmente obedecer, ele se dissolve por esse ato, perde a sua qualidade de povo; no momento que houver um senhor, não há mais soberano, e nessa hora é destruído o corpo político.

Não é o caso de dizer que as ordens dos chefes não possam passar por vontades gerais, tanto que o soberano, livre de a elas se opor, entretanto não procede assim. De maneira análoga, do silêncio universal deve-se presumir o consentimento do povo. Isto ainda será explicado mais aprofundadamente.

2
Que a soberania é indivisível

Pela mesma razão segundo a qual a soberania é inalienável, também é indivisível; pois a vontade ou é geral ou não o é; ou ela é a vontade do corpo do povo, ou somente de uma parte. No primeiro caso, essa vontade declarada é um ato de soberania e constitui lei; no segundo, é tão somente uma vontade particular, ou um ato de magistratura; um decreto, quando muito. Mas os nossos teóricos políticos, não conseguindo dividir a soberania no

Do Contrato Social

seu princípio, dividem-na no seu objeto: dividem em força e em vontade, em poder legislativo e em poder executivo; em direitos de imposto, de justiça e de guerra; em administração interna e em poder de tratar com o estrangeiro: ora confundem todas essas partes, ora as separam. Fazem do soberano um ser fantástico e formado de peças interligadas; é como se compusessem o homem de vários corpos, onde um levaria os olhos, o outro os braços, outro ainda os pés, e nada mais. Os saltimbancos do Japão, dizem, desmembram uma criança à vista do público; depois, atirando ao ar todos os seus membros, um após o outro, fazem cair a criança viva e inteiramente reconstituída. Semelhantes são os truques e burlas dos nossos políticos; depois de desmembrarem o corpo social com manobras de ilusão dignas das feiras, reagregam as peças sabe-se lá como.

Esse erro decorre de não haver noções exatas de autoridade soberana, e de se ter tomado como partes dessa autoridade o que eram apenas emanações. Assim, por exemplo, vemos o ato de declarar a guerra e o de fazer a paz como atos de soberania; o que não é o caso, porque cada um desses atos não significa uma lei, antes apenas uma aplicação da lei, um ato específico que determina o caso da lei, como se verá com clareza quando a ideia associada ao termo houver sido fixada.

Seguindo do mesmo modo as outras divisões, constataríamos que, todas as vezes que pensamos ver a soberania partilhada, enganamo-nos; que os direitos que tomamos como partes dessa soberania lhe são todos subordinados, e supõem sempre vontades superiores às quais esses direitos não dão senão a execução.

Não seria possível apontar quanta obscuridade essa falta de exatidão já lançou sobre as decisões dos autores de direito político, quando esses desejaram julgar os respectivos direitos dos reis e dos povos sob os princípios que eles haviam estabelecido. Qualquer um pode verificar, nos capítulos III e IV do primeiro livro de Grócio, como este erudito e o seu tradutor Barbeyrac se atrapalham e se embaraçam em seus sofismas, receosos de falar em demasia ou de não falar o bastante de acordo com as suas visões, e de chocar os interesses que se propunham a conciliar. Grócio, refugiado na França, descontente com a sua pátria e buscando fazer a sua corte a Luís XIII, a quem dedica o seu livro, não poupa esforços para espoliar os povos de todos os seus direitos e para revestir os reis de toda a arte possível. Esse também era o gosto de Barbeyrac, que dedica a sua tradução ao rei da Inglaterra Jorge I. Infelizmente, porém, a expulsão de Jaime II, a que ele chama abdicação, força-o a se preservar, a esquivar-se e a tergiversar, para não fazer de Guilherme um usurpador. Tivessem esses dois escritores adotado os verdadeiros princípios, todas as dificuldades desapareceriam, e eles teriam sido sempre consequentes, embora houvessem tristemente dito a verdade, e aí a única corte que fariam seria ao povo. Pois bem, a verdade não conduz à fortuna, e o povo não distribui nem embaixadas, nem cátedras, nem pensões.

3
Se a vontade geral pode errar

Depreende-se do precedido que a vontade geral é sempre reta e inclinada à utilidade pública: porém, não se depreende que as deliberações do povo tenham sempre a mesma retidão. A vontade é a do bem público, mas com frequência não é isso que se produz: se ao povo nunca se corrompe, todavia muitas vezes o enganam, e somente assim parece que ele deseja o mal.

Quase sempre se apresenta uma diferença entre a vontade de todos e a vontade geral; esta última diz respeito exclusivamente ao interesse comum, ao passo que a outra refere-se aos interesses privados, não passando de uma soma das vontades particulares; retire, porém, dessas mesmas vontades aquelas que por mais ou por menos antagonismo se destroem mutuamente e resta, pela soma das diferenças, a vontade geral. Se, quando o povo suficientemente informado delibera, os cidadãos não tivessem

Do Contrato Social

nenhuma comunicação entre eles, do grande número de pequenas diferenças resultaria sempre a vontade geral, e a deliberação seria sempre boa.

Mas quando é feita de disputas, de associações parciais à custa das grandes, a vontade de cada uma dessas associações torna-se geral relativamente aos seus membros, e particular diante do Estado: poder-se-ia dizer, então, que não mais existem tantos votantes quanto existem homens, mas tantas quantas forem as associações. As diferenças tornam-se menos numerosas e dão um resultado menos geral. Finalmente, quando uma dessas associações é demasiado grande a ponto de prevalecer sobre todas as outras, já não se tem por resultado uma soma das pequenas diferenças, mas uma diferença única; de modo que não há mais vontade geral, e a opinião que prevalece não passa de uma opinião particular.

Importa, portanto, para de fato contar com um enunciado que seja da vontade geral, que não haja sociedade parcial no Estado, e que cada cidadão opine somente por si próprio; tal foi a sublime e singular instituição do grande Licurgo. Que se há sociedades parciais, é necessário multiplicar o número delas e prevenir a desigualdade, tal como fizeram Sólon, Numa e Sérvio. Essas são as únicas boas precauções para que a vontade geral seja sempre esclarecida, e que o povo não se engane.

4

Dos limites do poder soberano

Se o Estado ou a cidade são simplesmente uma pessoa moral, cuja vida consiste na união dos seus membros, e se o mais importante dos seus cuidados é o da própria preservação, faz-se necessária uma força universal e compulsiva para mover e dispor cada parte da maneira mais conveniente ao todo. Tal como a natureza dá a cada homem um poder absoluto sobre todos os membros de seu corpo físico, o pacto social dá ao corpo político um poder absoluto sobre todos os seus integrantes; e é este mesmo poder que, dirigido pela vontade geral, leva, como já disse, o nome de soberania.

Mas, além da pessoa pública, temos de considerar as pessoas privadas que a compõem, e cujas vida e liberdade são naturalmente independentes dela. Trata-se, portanto, de bem distinguir os direitos respectivos dos cidadãos e do soberano, e os deveres que aqueles têm a cumprir, na qualidade de sujeitos, e do direito natural que devem gozar, na qualidade de homens.

Entendemos que tudo que cada um aliena, por via do pacto social – da sua autoridade, dos seus bens, da sua liberdade –, é somente a parte cujo uso importa à comunidade: mas deve-se entender também que apenas o soberano pode deliberar acerca dessa importância.

Todos os serviços que um cidadão pode prestar ao Estado devem ser executados tão logo o soberano os requeira; mas o soberano, por sua vez, não pode cobrar dos sujeitos nenhum sacrifício inútil à comunidade; não pode sequer desejá-lo, pois, sob a lei da razão, nada se faz sem causa, não menos que sob a lei da natureza. Os compromissos que nos ligam ao corpo social só são obrigatórios por serem mútuos; e a natureza deles é tal que, ao cumpri-los, não se pode estar a trabalhar por outrem sem estar igualmente a trabalhar para si. Por que a vontade geral é sempre justa, e por que todos almejam constantemente a felicidade de cada um senão pelo fato de não haver ninguém que não se aproprie desse termo, *cada um*, e que não sonde a si mesmo ao votar por todos? O que prova que a igualdade de direito e a noção de justiça que ela produz derivam da preferência que cada um se atribui e, por conseguinte, da natureza do homem; que a vontade geral, por ser verdadeiramente assim, deve sê-lo no seu objeto como na sua essência; que ela deve partir de todos para se aplicar a todos; e que ela perde a sua retidão natural no momento que pende a algum objeto individual e determinado, porque aí, julgando o que nos é alheio, não temos nenhum princípio verdadeiro de equidade que nos guie.

De verdade, tão logo se trate de um fato ou de um direito particular sobre um ponto que não haja sido regulado por uma convenção geral e

Do Contrato Social

anterior, a questão torna-se problemática: é um processo em que os particulares interessados são uma das partes e o público, outra, mas não vejo nem a lei que se deva seguir, nem o juiz que se deva pronunciar.

Seria ridículo desejar se referir aí a uma expressa decisão da vontade geral, que somente pode ser a decisão de uma das partes, e que, por consequência, para a outra não passa de uma vontade estranha, particular, impelida à injustiça e sujeita ao erro. Assim, tal como uma vontade particular não pode representar a vontade geral, a vontade geral, por sua vez, muda de natureza ao ter um objeto particular, e não pode, como geral, pronunciar-se nem sobre um homem, nem sobre um fato. Quando o povo de Atenas, por exemplo, nomeava ou cassava os chefes, contemplava com honras uns, impunha penas aos outros, e, por uma infinidade de decretos particulares, exercia indistintamente todos os atos do governo, o povo então não possuía mais vontade geral propriamente dita; ele não agia mais como soberano, mas como magistrado. Isso há de parecer contrário às ideias comuns, mas deve me ser concedido tempo para expor as minhas ideias.

Deve-se conceber por aí que o que generaliza a vontade é menos o número de vozes do que o interesse comum que as une; pois, nessa instituição, cada um se submete necessariamente às condições que impõe aos outros; acordo admirável do interesse e da justiça, que dá às deliberações comuns um caráter de equidade que vemos se esvanecer, na discussão de toda questão particular, pela falta de um interesse comum que una e identifique a regra do juiz com a da parte.

Qualquer que seja o lado pelo qual se remonte ao princípio, chega-se sempre à mesma conclusão; a saber: o pacto social estabelece entre os cidadãos tamanha igualdade que eles se comprometem todos sob as mesmas condições e devem gozar todos dos mesmos direitos. Dessa sorte, pela natureza do pacto, todo ato de soberania, isto é, todo ato autêntico da vontade geral, obriga ou favorece de maneira igual todos os cidadãos; de modo que o soberano conhece somente o corpo da nação e não distingue nenhum dos que a compõem. O que é, então, um ato de soberania, propriamente? Não é uma convenção do superior com o inferior, mas uma convenção do corpo com cada um dos seus membros; convenção legítima, porque tem por base o contrato social; justa, porque é comum a todos; útil, porque só pode ter por objeto o bem geral; e sólida, porque tem por garantia a força pública e o poder supremo. Contanto que os sujeitos estejam submetidos somente a tais convenções, não obedecem a mais ninguém senão a sua própria vontade: e questionar até onde se estendem os direitos respectivos do soberano e dos cidadãos equivale a questionar até que ponto estes podem comprometer-se consigo, cada um com todos e todos com cada um.

Vemos então que o poder soberano, todo absoluto, todo sagrado, todo inviolável, não passa nem pode passar dos limites das convenções gerais, e que todo homem pode dispor plenamente do que lhe foi deixado dos seus bens e da sua liberdade por essas convenções; de maneira que o soberano não está nunca no direito de exigir de um sujeito mais que de outro, porque, então, a questão torna-se particular, e o poder do soberano deixa de ser competente.

Uma vez admitidas essas distinções, é falso que haja no contrato social, da parte dos particulares, alguma renúncia genuína que torne a situação deles, por efeito do contrato, verdadeiramente preferível ao que era antes, e que, em vez de uma alienação, eles fazem apenas uma troca vantajosa, de uma maneira de ser incerta e precária por uma melhor e mais segura, de independência natural contra a liberdade, do poder de prejudicar a outrem contra a própria segurança; e da própria força deles, que outros poderiam superar, contra um direito que uma união social torna invencível. A vida deles, ao ser devotada ao Estado, é continuamente protegida; e quando a expõem para sua defesa, que estão a fazer senão lhe dar aquilo que dele receberam? Que estão a fazer que não fizessem com mais frequência e mais perigo no estado de natureza, quando, travando os combates inevitáveis, defenderiam a perigo da própria vida aquilo que lhes serve a conservá-la?

Todos têm de lutar, por necessidade, pela pátria, é verdade; mas ao mesmo tempo ninguém precisa jamais lutar por si. Pelo que faz a nossa segurança, não se ganha ao correr uma parte dos riscos que deveríamos correr sozinhos, por nossa conta, mal ela nos fosse arrancada?

5
Do direito da vida e da morte

Questiona-se como os particulares, não possuindo o direito de dispor das suas próprias vidas, podem transmitir ao soberano esse mesmo direito que eles não têm. Essa questão só parece difícil de responder por estar mal colocada. Todo homem tem direito de arriscar a própria vida para conservá-la. Alguma vez se disse que aquele que se atira de uma janela para escapar a um incêndio é culpado de suicídio? Alguma vez se imputou esse crime a quem haja padecido em uma tempestade mesmo conhecendo o perigo ao embarcar em viagem?

O tratado social tem como fim a preservação dos contratantes. Quem quer o fim quer também os meios, e esses meios são inseparáveis de alguns riscos, até mesmo de algumas perdas. Quem quer preservar a sua vida à custa dos outros deve dá-la também a eles quando necessário. Ora, o cidadão não é mais juiz do perigo ao qual a lei quer que ele se exponha; e quando o príncipe lhe diz: "É apropriado ao Estado que morras", ele deve morrer, pois é graças somente a essa condição que ele viveu em segurança até aqui, e que a sua vida não é mais apenas uma caridade da natureza, mas uma dádiva condicional do Estado.

A pena de morte infligida aos criminosos pode ser pensada aproximadamente sob o mesmo ponto de vista – é para não ser a vítima de um assassino que se consente em morrer se nos tornarmos um. Neste tratado, longe de dispor da própria vida, apenas se busca garanti-la, e não se deve presumir que algum contratante premedite então de se fazer enforcar. Aliás, todo malfeitor, atacando o direito social, torna-se, por seus crimes, rebelde e traidor da pátria; cessa de ser um membro desta ao violar as suas leis e declara-lhe mesmo a guerra. Então, a preservação do Estado é incompatível com a sua; é necessário que um dos dois sucumba; e quando matam o culpado é menos como cidadão do que como inimigo. Os procedimentos, o julgamento, são as provas e a declaração de que ele rompeu o tratado social, e por consequência não é mais membro do Estado. Ora, como desse modo ele se reconheceu antes, ao menos por sua residência, deve ser desagregado por via do exílio como infrator do pacto, ou pela morte como inimigo público; pois um tal inimigo não é uma pessoa moral, é um indivíduo; e é então que o direito da guerra é o de exterminar o vencido.

Mas, dirão, a condenação de um criminoso é um ato particular. De acordo: tampouco pertence essa decisão ao soberano; é um direito que ele pode conferir sem, contudo, poder ele próprio exercê-lo. Todas as minhas ideias se sustentam, porém não posso defendê-las todas ao mesmo tempo.

De resto, a frequência das condenações é sempre um sinal de fraqueza ou de preguiça no governo. Não existe malvado que não se possa tornar útil para alguma coisa. Não existe o direito de matar, mesmo para servir de exemplo, senão àquele que não se pode preservar sem perigo.

Quanto ao direito de conceder graça ou isentar um culpado da pena imputada pela lei e pronunciada por um juiz, este só cabe a quem está acima do juiz e da lei, ou seja, o soberano. Mas mesmo aí o seu direito não está totalmente claro, e os casos de sua utilização são muito raros. Em um Estado bem governado existem poucas punições, não porque se concedam muitas graças, mas porque há poucos criminosos: a profusão de crimes assegura a impunidade quando o Estado se deteriora. Sob a república romana, nem o senado nem os cônsules jamais tentaram conceder graça; o próprio povo não o fazia, mesmo se por vezes revogasse a sua própria sentença. As graças frequentes anunciam que muito em breve os delitos não terão mais necessidade delas, e todos sabem aonde isso leva. Mas sinto que o meu coração murmura e retém a minha pluma: deixemos o discutir dessas questões ao homem justo que nunca falhou e que nunca precisou ele próprio de graça.

6

Da lei

Pelo pacto social demos existência e vida ao corpo político: trata-se agora de lhe dar movimento e vontade através da legislação. Pois o ato primitivo pelo qual o corpo se forma e se une não determina ainda nada sobre o que ele deve fazer para se conservar.

O que é bom e conforme à ordem, assim é pela natureza das coisas e independentemente das convenções humanas. Toda justiça vem de Deus, Ele é a fonte exclusiva; mas se soubéssemos recebê-la de tão alto, não necessitaríamos nem de governo, nem de leis. Não há dúvida de que existe uma justiça universal que emana somente da razão; mas essa justiça, para ser admitida entre nós, deve ser recíproca. A considerar humanamente as coisas, à falta de sanção natural, as leis da justiça são vãs entre os homens: elas não fazem senão o bem do malvado e o mal do justo, quando este as observa com todos sem que ninguém as observe com ele. São necessárias, portanto, convenções e leis para unir os direitos e deveres e trazer a justiça ao seu objeto. No estado de natureza, onde tudo é comum, não devo nada a quem nunca prometi; não reconheço a outrem senão aquilo que me é inútil. Não se passa da mesma forma no estado civil, onde todos os direitos são fixados pela lei.

Mas afinal o que é uma lei? Enquanto nos contentarmos em associar a essa palavra ideias metafísicas, seguiremos a raciocinar sem nos entender, e quando houvermos dito o que é uma lei da natureza, não teremos compreendido melhor o que é uma lei do Estado.

Jean-Jacques Rousseau

Já afirmei que não há vontade geral sobre um objeto particular. Efetivamente, esse objeto particular está ou dentro do Estado ou fora do Estado. Se está fora do Estado, uma vontade que lhe seja estrangeira não é de todo geral em relação a ele; e se esse objeto está dentro do Estado, dele faz parte: então se forma entre o todo e sua parte uma relação que faz dele dois seres separados, onde a parte é um, e o todo, com exclusão daquela parte, é outro. Mas o todo sem uma parte já não é todo, e enquanto permanecer essa relação não há mais todo, mas, sim, duas partes desiguais: de onde se conclui que a vontade de uma não é mais geral em relação à outra.

Mas quando todo o povo estatui sobre todo o povo, ele considera somente a si mesmo; e caso se forme, daí, uma relação, é do objeto inteiro sob um ponto de vista ao objeto inteiro sob um outro ponto de vista, sem nenhuma divisão do todo. Assim, a matéria sobre a qual se estatui é geral como a vontade que estatui. É esse ato que chamo de uma lei.

Quando digo que o objeto das leis é sempre geral, entendo que a lei considera os sujeitos em corpo e as ações em abstrato, jamais um homem como indivíduo nem uma ação particular. Assim, a lei pode bem estatuir que haverá privilégios, embora não possa nominalmente atribuir tais privilégios a ninguém; a lei pode fazer várias classes de cidadãos, até atribuir as qualidades que darão direito a essas classes, porém não pode nomear esse ou aquele a ser admitido nelas. Ela pode estabelecer um governo régio e uma sucessão hereditária, mas não pode eleger um rei, nem nomear uma família real: em uma palavra, toda função que se relacione a um objeto individual não pertence mais à autoridade legislativa.

Essa ideia mostra de imediato que não se deve mais perguntar a quem pertence o fazer das leis, porque elas são atos da vontade de fazer leis, e porque elas são atos da vontade geral; nem perguntar se o príncipe está acima das leis, porque ele é membro do Estado; nem se a lei pode ser injusta, porque ninguém é injusto contra si mesmo; nem como somos livres e submetidos às leis, pois elas são tão somente registros das nossas vontades.

DO CONTRATO SOCIAL

Vê-se ainda que, reunindo a lei a universalidade da vontade e do objeto, o que um homem, quem quer que ele seja, ordena da sua vontade não é uma lei: mesmo o que o soberano ordena sobre um objeto particular não é tampouco uma lei, mas um decreto; nem um ato de soberania, mas de magistratura.

Chamo, portanto, de república todo Estado regido por leis, sob qualquer forma de administração que possa tomar: pois apenas aí o interesse público governa, e a coisa pública significa algo. Todo governo legítimo é republicano: explicarei em seguida o que é um governo.

As leis nada mais são do que as condições da associação civil. O povo, submetido às leis, deve ser seu autor. Somente aos que se associam cabe regular as condições da sociedade. Mas como hão de regular? Seria por comum acordo, por uma inspiração súbita? O corpo político teria um órgão pelo qual enunciar as suas vontades? Que lhe desse a previdência necessária para formar os atos e publicá-los antecipadamente? Ou como vai pronunciá-los no momento de necessidade? Como uma multidão cega, que com frequência não sabe o que quer, e porque raramente sabe o que lhe faz bem, haveria de executar a partir de si própria uma empreitada tão grande e tão difícil quanto um sistema de legislação? De si mesmo o povo deseja sempre o bem, mas de si mesmo não é o que vê sempre. A vontade geral é sempre justa, porém o juízo que a guia nem sempre é esclarecido. É preciso lhe fazer ver os objetos como eles são, por vezes como eles devem lhe parecer, e mostrar-lhe o bom caminho que ela procura, protegê-la das seduções das vontades particulares, reaproximar a seus olhos os lugares e as épocas, equilibrar a atração das vantagens presentes e sensíveis pelo perigo dos males longínquos e escondidos. Os particulares veem o bem que rejeitam; o público deseja o bem que não vê. Todos têm igual necessidade de guias. Àqueles deve-se obrigar a conformar as suas vontades à razão, e ao outro ensinar a conhecer aquilo que quer. Assim, das luzes públicas resulta a união do entendimento e da vontade no corpo social; daí o exato concurso das partes e, enfim, a maior força do todo. Eis de onde nasce a necessidade de um legislador.

7

Do legislador

Para descobrir as melhores regras de sociedade que convêm às nações, seria necessária uma inteligência superior que visse todas as paixões dos homens e que não experimentasse nenhuma; que não tivesse nenhuma relação com a nossa natureza e que a conhecesse profundamente; cuja felicidade fosse independente de nós, e que contudo quisesse muito se ocupar da nossa; que enfim, no decorrer dos tempos, poupando-se por uma glória longínqua, pudesse trabalhar em um século e usufruir em um outro. Seriam necessários deuses para dar leis aos homens. O mesmo raciocínio que Calígula fazia quanto ao fato, Platão fazia quanto ao direito de definir o homem civil ou régio que ele busca em seu livro *Do reino*. Mas se é verdade que um grande príncipe é um homem raro, o que dizer de um grande legislador? Ao primeiro basta seguir o modelo que o outro deve propor. Este é o mecânico que inventa a máquina, aquele é somente o obreiro que a monta e faz funcionar. No nascimento das sociedades, diz Montesquieu, são os chefes das repúblicas que fazem a instituição, e é, em seguida, a instituição que forma os chefes das repúblicas.

> *"Aquele que ousa a empreitada de instituir um povo deve se sentir em estado de modificar, por assim dizer, a natureza humana, de transformar cada indivíduo, que é um todo perfeito e solitário, em uma parte de um todo maior, do qual esse indivíduo recebe de certa maneira a sua vida e o seu ser; de alterar a constituição do homem para reforçá-la; de substituir uma existência parcial e moral à existência física e independente que recebemos da natureza. É necessário, em uma palavra, que ele retire ao homem as suas próprias forças para lhe dar outras que lhe são estranhas, e das quais não pode fazer uso sem o auxílio de outrem. Quanto mais essas forças naturais estiverem mortas e anuladas, mais as forças adquiridas serão grandes e*

Do Contrato Social

duradouras, e mais a instituição também será sólida e perfeita: de modo que se cada cidadão não é nada e não pode nada senão através de todos os outros, e que a força adquirida pelo todo seja igual ou superior à soma das forças naturais de todos os indivíduos, podemos dizer que a legislação está no ponto mais alto de perfeição que se pode esperar".

O legislador é, sob todos os aspectos, um homem extraordinário no Estado. Se deve sê-lo por seu gênio, não é menos por seu emprego. Não se trata de magistratura, nem de soberania. Esse emprego, que constitui a república, não entra de todo na sua constituição; é uma função particular e superior que não possui nada em comum com o império humano; pois se aquele que comanda os homens não deve comandar as leis, aquele que comanda as leis não deve tampouco comandar os homens: de outra maneira essas leis, ministros das suas paixões, com frequência não fariam mais do que perpetuar suas injustiças; e ele jamais poderia evitar que visões particulares alterassem a santidade da sua obra.

Quando Licurgo deu leis à sua pátria, começou por abdicar do trono. Era o costume da maioria das cidades gregas confiar a estrangeiros o estabelecimento das suas leis. As repúblicas modernas da Itália imitaram diversas vezes essa tradição; a de Genebra fez o mesmo e resultou bem. Roma, na sua era mais bela, viu renascer em seu seio todos os crimes da tirania, e esteve prestes a perecer por ter reunido nas mesmas cabeças a autoridade legislativa e o poder soberano.

No entanto, os próprios decênviros[4] jamais se arrogaram o direito de fazer passar qualquer lei somente de suas autoridades. "Nada do que vos propomos", diziam eles ao povo, "pode passar em lei sem o vosso consentimento. Romanos, sejais vós mesmos os autores das leis que fazem a vossa felicidade."

---

[4] Decênviro era o nome que, na Roma antiga, se dava a cada um dos dez magistrados encarregados de codificar as leis. (N.T.)

Jean-Jacques Rousseau

Aquele que redige as leis, portanto, não tem ou não deve ter nenhum direito legislativo, e o próprio povo não pode, quando desejar, despojar-se desse direito incomunicável, porque, segundo o pacto fundamental, apenas a vontade geral obriga os particulares, e não se pode jamais assegurar que uma vontade particular esteja conforme a vontade geral senão depois de submetê-la ao livre sufrágio do povo: tal já afirmei, mas não é inútil repeti-lo.

Assim encontram-se ao mesmo tempo na obra da legislação duas coisas que parecem incompatíveis: uma tarefa acima da força humana e, para executá-la, uma autoridade que nada significa.

Outra dificuldade que merece atenção.

Os sábios que queiram falar, ao vulgar, a linguagem deste em vez da sua não se fariam entender. Ora, existe uma miríade de ideias impossíveis de traduzir na língua popular. As visões muito gerais e os objetos muito afastados são igualmente fora de alcance; cada indivíduo, não experimentando outro plano de governo a não ser o que se relaciona a seu interesse particular, dificilmente percebe as vantagens que deve retirar das privações contínuas que as boas leis impõem. Para que um povo emergente possa experimentar as máximas sãs da política e seguir as regras fundamentais da razão do Estado, o efeito deveria poder se tornar a causa; que o espírito social, que deve ser a obra da instituição, presidisse à própria instituição; e que os homens fossem antes das leis aquilo que, através delas, devem se tornar. Assim, portanto, não podendo o legislador empregar nem a força nem a razão, é uma necessidade que ele recorra a uma autoridade de outra ordem, que possa envolver sem violência e persuadir sem convencer.

Eis o que sempre forçou os pais fundadores das nações a recorrer à intervenção do céu e a honrar os deuses por sua própria sabedoria, a fim de que os povos se submetessem às leis do Estado como às da natureza, e, reconhecendo o mesmo poder na formação do homem e da cidade, obedecessem com liberdade e carregassem docilmente o jugo da felicidade pública.

Essa razão sublime, que se eleva acima do entendimento dos homens vulgares, é aquela pela qual o legislador põe as decisões na boca dos

Do Contrato Social

imortais, para avançar pela autoridade divina aqueles que pela prudência humana não se poderiam comover. Todavia, não pertence a todos os homens o poder de fazer falar os deuses, e tampouco de ser acreditado quando se proclama intérprete celestial. A grande alma do legislador é o verdadeiro milagre que deve provar a sua missão. Qualquer homem pode gravar tábuas de pedra, ou comprar um oráculo, ou simular um comércio secreto com alguma divindade, ou adestrar um pássaro para lhe falar ao ouvido, ou encontrar outros métodos toscos de se impor ao povo. O que não souber mais do que isso pode até reunir por acaso uma tropa de insensatos, mas jamais fundará um império, e a sua extravagante obra não tardará a perecer com ele. Prestígios vazios formam um elo passageiro; somente a sabedoria torna-o duradouro. A lei judaica, sempre subsistente, e aquela do filho de Ismael, que há dez séculos governa metade do mundo, ainda hoje anunciam os grandes homens que as ditaram; e conquanto a orgulhosa filosofia ou o espírito cego de partido não veja neles senão felizes impostores, o verdadeiro político admira nas suas instituições esse gênio grande e poderoso que preside sobre estabelecimentos duradouros.

Não se deve de tudo isso concluir, como Warburton[5], que a política e a religião tenham entre nós um objeto comum, mas que, na origem das nações, uma serve de instrumento à outra.

8

Do povo

Como, antes de erguer um grande edifício, o arquiteto observa e estuda o solo para ver se este pode aguentar o peso, o instituidor sábio não começa logo redigindo as boas leis, mas antes examina se o povo a que elas se destinam está apto a suportá-las. É por isso que Platão recusou dar leis

---

[5] Warburton foi um bispo inglês que, no século XVIII, escreveu obras sobre a relação entre política e religião. (N.T.)

aos árcades e aos cirenaicos, sabendo que esses dois povos eram ricos e não podiam suportar a igualdade: por isso se encontravam em Creta leis boas e homens maus, pois Minos apenas disciplinara um povo cheio de vícios.

Brilharam sobre a Terra mil nações que jamais poderiam suportar boas leis; e mesmo aquelas que podiam não tiveram, em toda sua duração, mais do que um tempo demasiado curto para tanto. A maioria dos povos, assim como os homens, somente é dócil em sua juventude; torna-se incorrigível ao envelhecer. Uma vez os costumes estabelecidos e os preconceitos enraizados, é um esforço perigoso e vão o de querer reformá-los; o povo não consegue nem sequer suportar que se lhe toque em seus males para destruí-los, à semelhança desses enfermos estúpidos e sem coragem que tremem ao ver o médico.

Não se quer com isso dizer que, como certas doenças que embaralham a cabeça dos homens, subtraindo-lhes a memória do passado, não se encontrem às vezes, na duração dos Estados, épocas violentas em que as revoluções produzem sobre os povos o que certas crises provocam sobre os indivíduos, em que o horror do passado comove ao esquecimento, e o Estado, chamejado por guerras civis, renasce figurativamente das cinzas, e retoma o vigor da juventude saindo dos braços da morte. Assim foi com Esparta nos tempos de Licurgo, assim foi Roma após os Tarquínios, e assim foi entre nós com a Holanda e a Suíça depois da expulsão dos tiranos.

Mas esses eventos são raros; são exceções cuja razão se encontra sempre na constituição particular do Estado excetuado. Elas não conseguiriam sequer acontecer duas vezes com o mesmo povo: pois ele pode se libertar enquanto ainda não passa de bárbaro, mas já não consegue fazê-lo quando a sua civilidade se desgastou.

Assim os conflitos podem destruí-lo sem que as revoluções consigam restabelecê-lo; e mal as suas correntes se rompam ele cai disperso e não volta a existir: tem então necessidade de um senhor, e não de um libertador. Povos livres, lembrai-vos desta máxima: "Pode-se adquirir a liberdade, mas nunca recuperá-la".

Do Contrato Social

A juventude não é a infância. Para as nações, como para os homens, há um tempo de juventude ou, se quisermos, de maturidade, o qual se deve esperar antes de submetê-las a leis; mas a maturidade de um povo nem sempre é fácil de reconhecer; e se a adiantamos, a obra se arruína. Um povo é disciplinado já de origem, e outro não o é mesmo depois de dez séculos. Os russos nunca serão verdadeiramente policiados, porque já o foram muito cedo.

Pedro, o Grande, imperador da Rússia, tinha um talento para a imitação; não possuía o verdadeiro gênio, aquele que cria e faz tudo a partir do nada. Algumas das coisas que fez eram boas; a maioria, porém, inadequada. Constatou que o seu povo era bárbaro, mas não enxergou que ele não estava pronto para o policiamento civilizacional; e quis civilizá-lo quando o que precisava era aguerri-lo. Quis logo fazer alemães, ingleses, quando devia começar por fazer russos: impediu os seus sujeitos, seus súditos, de algum dia se tornar o que poderiam ser ao persuadi-los que eram aquilo que não são. É assim que um instrutor francês forma o seu aluno para brilhar no momento da sua infância, e depois não logra ser mais nada. O império da Rússia, querendo subjugar a Europa, subjugou a si mesmo. Os tártaros, os seus sujeitos ou seus vizinhos, tornar-se-ão os seus senhores e os nossos: essa revolução me parece infalível. Todos os reis da Europa trabalham em concerto para acelerá-la.

9

Continuação

Tal como a natureza deu termos à estatura de um homem fisicamente bem formado, os quais quando ultrapassados só geram gigantes, ou anões, assim também fez quanto à melhor constituição de um Estado, com limites sobre a extensão que pode tomar, de maneira que não seja nem demasiado grande para ser bem governado, nem demasiado pequeno para poder manter-se por si próprio. Existe, em todo corpo político, um máximo de força que ele não saberia ultrapassar, e do qual frequentemente se afasta à medida que cresce. Quanto mais o elo social se estende, mais ele se folga; e em geral um Estado pequeno é proporcionalmente mais forte do que um grande.

Mil razões demonstram esta máxima. Em primeiro lugar, a administração torna-se mais penosa nas grandes distâncias, como uma carga torna-se mais pesada na ponta de uma alavanca mais longa. Ela também é mais onerosa à medida que os degraus se multiplicam: pois cada cidade primeiramente tem a sua, paga pelo povo; cada distrito a sua, ainda paga pelo povo; em seguida cada província, e depois os grandes governos, as satrapias, os vice-reinos, pagando-se sempre mais caro quanto mais se ascende, e sempre à custa do desafortunado povo; por fim vem a administração suprema, que tudo esmaga. Tantas sobrecargas esgotam continuamente os sujeitos: longe de ser mais bem governado por todas essas diferentes ordens, o povo é muito menos bem governado do que se houvesse apenas uma ordem acima deles. Entretanto, quase não sobram recursos para os casos extraordinários; e, quando é preciso recorrer, o Estado está sempre à beira da ruína.

Não é tudo: não somente o governo tem menos vigor e celeridade para fazer valer as leis, impedir os constrangimentos, corrigir os abusos, prevenir maquinações insurgentes que possam acontecer em lugares afastados; mas o povo tem menos afeto pelos seus chefes, a quem nunca vê; pela pátria, que para seus olhos se assemelha ao mundo; e pelos seus concidadãos, cuja maior parte lhe é estranha. As mesmas leis não podem convir a tantas províncias; muitas com costumes distintos, que vivem em climas opostos, e nas quais não pode recair a mesma forma de governo. Leis diferentes só engendram problemas e confusão entre povos que, vivendo sob os mesmos dirigentes e em uma comunicação contínua em que circulam ou se casam uns nas terras dos outros, são submetidos a costumes diferentes dos seus, nunca sabendo se o seu patrimônio é

Do Contrato Social

mesmo propriamente seu. Os talentos são escondidos, as virtudes ignoradas e os vícios impunes nessa multidão de homens desconhecidos uns para os outros, que a sede da administração suprema reúne num mesmo lugar. Os dirigentes, sobrecarregados de processos, nada veem por conta própria, e burocratas governam o Estado. Ao fim, as medidas necessárias para se manter a autoridade geral, à qual tantos oficiais distantes querem se subtrair ou antes impô-la, absorvem todos os cuidados públicos; não sobra nada para o bem do povo; e praticamente nada resta para sua defesa, se necessária; e é assim que um corpo de constituição demasiado grande colapsa e perece, esmagado sob o seu próprio peso.

Por outro lado, o Estado deve se dar uma certa base para ter solidez, para resistir aos abalos que não evitará experimentar, e aos esforços que será obrigado a fazer para se sustentar: pois todos os povos têm uma espécie de força centrífuga, pela qual agem continuamente uns contra os outros, e tendem a crescer à custa de seus vizinhos, como os turbilhões de Descartes. De tal modo os fracos correm o risco de ser logo engolidos; e ninguém pode se preservar por muito tempo sem se colocar em uma espécie de equilíbrio com todos, que torne por todo lado a compressão praticamente igual.

Vê-se pelo exposto que há razões para estender, bem como razões para estreitar os limites do Estado; e não é o menor dos talentos do político o de encontrar entre uma coisa e outra a proporção mais vantajosa à preservação do Estado. Poder-se-ia dizer, em geral, que as primeiras, sendo externas e relativas, deveriam estar subordinadas às outras, que são internas e absolutas. Uma constituição sã e forte é a primeira coisa que se deve buscar; e é preciso contar mais com o vigor que nasce de um bom governo do que com os recursos que fornece um grande território. De resto, já foram vistos Estados constituídos de tal forma que a necessidade das conquistas entrava na própria constituição deles, e que, para se manter, eram obrigados a crescer sem cessar. Quiçá se congratulassem muito dessa feliz necessidade, que, entretanto, lhes mostrava com o termo da sua grandeza o inevitável momento da sua queda.

10
Continuação

Pode-se medir um corpo político de duas maneiras, a saber: pela extensão do território e pelo tamanho do povo; e entre essas duas medidas existe uma relação conveniente para dar ao Estado a sua verdadeira grandeza. São os homens que fazem o Estado, e é o terreno que alimenta os homens: esta relação é, pois, que a terra basta à manutenção dos seus habitantes, e que não haja mais habitantes do que a terra possa alimentar. É nessa proporção que se encontra o máximo de um determinado número do povo; pois se houver terreno em excesso, a sua guarda é onerosa, o cultivo insuficiente, o produto supérfluo; é a próxima causa das guerras defensivas: se não houver o suficiente, o suprimento do Estado se encontra à discrição dos seus vizinhos; e será a próxima causa das guerras ofensivas. Todo povo que não tenha, pela sua posição, a alternativa entre o comércio ou a guerra é em si mesmo enfraquecido; ele depende dos seus vizinhos, depende dos eventos; a sua existência nunca é mais do que incerta e curta. Ou subjuga e muda de situação, ou é subjugado e não é mais nada. Ele não se pode preservar livre a não ser por força da pequenez ou da grandeza.

Não é possível oferecer em um cálculo uma relação entre a extensão da terra e a quantidade de homens que sintetize um a outro, tanto por causa das diferenças que se encontram nas qualidades do terreno, nos seus níveis de fertilidade, na natureza de suas produções, na influência dos climas, quanto por aquelas que se notam nos temperamentos dos homens que aí habitam, onde uns consomem pouco em uma região fértil, e outros muito em um solo ingrato. Ainda se deve ter atenção à fertilidade maior ou menor das mulheres, àquilo que a região possa ter de mais ou menos favorável à população, à quantidade que o legislador possa esperar aí concorrer pelos seus estabelecimentos, de modo que ele não deve fundar o seu juízo sobre aquilo que vê, mas sobre o que prevê, nem se fixar demasiado no estado atual da população em vez daquele que ela deve naturalmente

Do Contrato Social

alcançar. Enfim, existem mil ocasiões em que os acidentes particulares do lugar exigem ou permitem que se abarque mais terreno do que pareça necessário. Assim, expandir-se-á muito em um país de montanhas, onde as produções naturais, a saber, os bosques, as pastagens, exigem menos trabalho, onde a experiência ensina que as mulheres são mais fecundas do que nas planícies, e onde um grande solo inclinado dá somente uma reduzida base horizontal, a única com a qual contar para a vegetação. De modo oposto, podem se apertar à beira-mar, mesmo na areia e nos rochedos quase estéreis, porque a pesca pode suprir em grande parte as produções da terra, e os homens devem ajuntar-se mais para repelir os piratas, e que, aliás, há mais facilidade para se livrar, pelas colônias, dos habitantes que lhe sobrecarreguem.

A essas condições para se instituir um povo deve-se acrescentar uma que não pode suprir nenhuma outra, mas sem a qual elas são todas inúteis: que se usufrua da abundância e da paz; pois o tempo em que se ordena um Estado é como aquele em que se forma um batalhão, o instante no qual o corpo é menos capaz de resistência e mais fácil de destruir. Resistir-se-ia melhor em uma desordem absoluta do que em um momento de fermentação, em que cada um se ocupa da sua posição e não do perigo. Se uma guerra, uma fome, uma insurgência se apresenta em um tempo de crise, o Estado é infalivelmente derrubado.

Não é que não haja muitos governos estabelecidos nesses momentos tempestuosos; todavia são esses precisamente os governos que destroem o Estado. Os usurpadores trazem ou escolhem sempre esses períodos de tribulação para fazer passar, com o espanto do público a seu favor, leis destrutivas que o povo jamais adotaria a sangue-frio. A escolha do momento de instituição é um dos caracteres mais seguros pelos quais se pode distinguir a obra do legislador da do tirano.

Que povo é, então, próprio à legislação? Aquele que, já se encontrando ligado por alguma união de origem, de interesse ou de convenção ainda não carregou de todo o verdadeiro jugo das leis; aquele que não tem nem costumes nem superstições bem enraizadas; aquele que não teme ser abalado por uma súbita invasão; que, sem entrar nas querelas de seus vizinhos, pode resistir sozinho a cada um deles, ou contar com a ajuda de um para afastar o outro; aquele do qual cada membro pode ser conhecido de todos e em que não se é mais forçado a carregar sobre um homem um fardo maior do que pode levar; aquele que pode se passar por outros povos, e pelo qual um outro povo pode se passar; aquele que não é nem rico nem pobre, e pode bastar a si mesmo; enfim, aquele que reúne a consistência de um povo antigo com a afabilidade de um povo novo. O que torna penosa a obra da legislação é menos o que se deve estabelecer do que aquilo que se deve destruir; e o que torna o sucesso tão raro é a impossibilidade de encontrar a simplicidade da natureza junto das necessidades da sociedade. Todas essas condições, é verdade, dificilmente se encontram reunidas: e também veem-se poucos Estados bem constituídos.

Ainda existe na Europa um país capaz de legislação: é a ilha da Córsega. O valor e a constância com a qual este bravo povo soube recuperar e defender sua liberdade bem mereciam que algum sábio lhe ensinasse a preservá-la. Tenho um certo pressentimento de que um dia essa ilha espantará a Europa[6].

11
Dos diversos sistemas de legislação

Se procurassem em que consiste precisamente o maior de todos os bens, que deve ser o fim de todo sistema de legislação, constatariam que se reduz a dois objetos principais: a liberdade e a igualdade. A liberdade, porque toda dependência particular se traduz em uma força retirada ao corpo do Estado; a igualdade, porque a liberdade não pode subsistir sem ela.

---

[6] É interessante lembrar que, algumas décadas depois da publicação da obra *Do contrato social*, Napoleão Bonaparte, nascido na ilha de Córsega, assumiu o poder na França e construiu o maior império europeu daquela época. (N.T.)

Do Contrato Social

Já disse o que é a liberdade civil: a respeito da igualdade, não se deve entender por essa palavra que os graus de poder e de riqueza sejam absolutamente os mesmos, mas que, quanto à autoridade, ela esteja acima da violência, e não se exerça jamais em virtude da classe e das leis; e, quanto à riqueza, que nenhum cidadão seja opulento ao ponto de poder comprar um outro, e nenhum tão pobre para estar constrangido a se vender: o que supõe, do lado dos grandes, moderação de bens e de crédito, e, do lado dos pequenos, moderação de avareza e de cobiça. Essa igualdade, dizem, é uma quimera de especulação que não pode existir na prática. Mas se o abuso é inevitável segue daí que não se deve regulá-lo? É precisamente porque a força das coisas tende sempre a destruir a igualdade que a força da legislação deve sempre tender a mantê-la. Mas esses objetos gerais de toda boa instituição devem ser modificados em cada país pelas relações que nascem tanto da situação local como do caráter dos habitantes, e é com base nessas relações que se deve atribuir a cada povo um sistema particular de instituição, que seja o melhor, talvez não em si, mas para o Estado ao qual se destina. Por exemplo, o solo é ingrato e estéril, ou o país muito espremido para seus habitantes? Dirijam-se para a indústria e as artes, cujas produções poderão trocar pelas mercadorias que lhes faltem. Se, ao contrário, ocupam planícies ricas e de encostas férteis em um bom terreno e têm falta de habitantes, então entreguem-se à agricultura, que multiplica os homens, e afastem as artes, que acabariam somente por despovoar o país ao concentrar em alguns pontos do território o pouco de habitantes que há. Ocupam costas extensas e cômodas? Cubram de embarcações o mar, cultivem o comércio e a navegação, e terão uma existência brilhante e curta. O mar banha as vossas costas feitas de rochedos quase inacessíveis? Permaneçam bárbaros e ictiófagos, isto é, alimentem-se de peixes; assim viverão mais tranquilamente, senão melhor, e com certeza mais felizes. Em uma palavra, para além das máximas comuns a todos, cada povo encerra em si alguma causa que o ordena de uma maneira particular, e torna sua legislação própria apenas para si. É assim que outrora os hebreus, e recentemente os árabes, tiveram por objeto principal a religião; os atenienses, as letras; Cartago e Tiro, o comércio; Rodes, a marinha; Esparta, a guerra; e Roma, a virtude. O autor de *O espírito das leis*[7] mostrou com imensidão de exemplos por qual arte o legislador dirige a instituição a cada um desses objetos.

O que torna a constituição de um Estado verdadeiramente sólida e duradoura é a boa observação das conveniências, o que leva as relações naturais e as leis recaírem sempre de acordo sobre os mesmos pontos, e que essas não fazem, por assim dizer, outra coisa que não seja assegurar, acompanhar, retificar aquelas. Mas se o legislador, enganando-se no seu objeto, toma um princípio diferente daquele que nasce da natureza das coisas, em que um tenda à servidão e outro à liberdade; um às riquezas, o outro à população; um à paz, o outro às conquistas, veremos as leis se enfraquecerem sorrateiramente, a constituição se alterar, e o Estado não cessará de ser sacudido até que seja destruído ou modificado, e que a natureza invencível haja recuperado o seu império.

12
Divisão das leis

Para ordenar o todo, ou dar a melhor forma possível à coisa pública, há várias relações a considerar. Em primeiro lugar, a ação do corpo inteiro sobre si mesmo, isto é, a relação do todo com o todo, ou do soberano com o Estado; e essa relação é composta pela relação dos termos intermediários, como veremos adiante.

As leis que regulam essa relação denominam-se leis políticas. Também são chamadas de leis fundamentais, não sem razão se essas leis se revelam sábias; pois se em cada Estado há somente uma boa maneira de

---

[7] Rousseau refere-se a Montesquieu, que publicou em 1748 o livro citado, que em francês tem o título de *De l'esprit des lois*. (N.T.)

DO CONTRATO SOCIAL

organizá-lo, o povo que a encontrar deve nela apoiar-se e preservá-la: mas se a ordem estabelecida for má, por que o povo tomaria como fundamentais as leis que o impedem de ser bom? Aliás, em todo caso, um povo é sempre senhor para mudar as suas leis, até as melhores; pois se goza ao fazer mal a si próprio, quem teria o direito de impedi-lo?

A segunda relação é a dos membros entre eles, ou com o corpo inteiro; e essa relação deve ser, no primeiro caso, tão pequena e, no segundo, tão grande quanto possível, de modo que cada cidadão se encontre em perfeita independência de todos os demais, e em excessiva dependência da cidade: o que se dá sempre pelos mesmos meios; pois há somente a força do Estado para constituir a liberdade dos seus membros. É dessa segunda relação que nascem as leis civis.

Pode-se considerar um terceiro tipo de relação entre o homem e a lei, a saber, a da desobediência à punição, e esta dá lugar ao estabelecimento das leis criminais – que, no fundo, são mais uma sanção de todas as outras leis do que uma espécie particular delas.

A esses três tipos de leis junta-se uma quarta, a mais importante de todas, que não se grava nem sobre o mármore, nem sobre o bronze, mas no coração dos cidadãos; que faz a verdadeira constituição do Estado; que todo dia adquire novas forças; que quando todas as outras leis envelhecem ou se esvanecem, as reanima ou substitui, conservando um povo no espírito de sua instituição, e substitui insensivelmente a força do hábito pela da autoridade. Falo dos usos, dos costumes e, sobretudo, da opinião; parte desconhecida das nossas políticas, mas da qual depende o sucesso de todas as outras; parte da qual o grande legislador se ocupa em segredo, enquanto passa a aparência de se restringir a regulamentos particulares, que não são mais do que o gancho para a pedra angular, a qual os bons costumes, mais lentos a nascer, formam enfim a chave inabalável.

Entre essas diversas classes, as leis políticas, que constituem a forma do governo, são as únicas respeitantes ao meu assunto.

LIVRO III

Antes de falar das diversas formas de governo, tratemos de fixar o sentido preciso dessa palavra, que ainda não foi suficientemente bem explicada.

1
Do governo em geral

Previno o leitor que este capítulo deve ser lido pausadamente, e que desconheço a arte de ser claro a quem não queira ser atencioso.

Toda ação livre tem duas causas que concorrem a produzi-la: uma moral, a saber, a vontade que determina o ato; outra física, a saber, o poder que a executa. Quando caminho em direção a um objeto, é necessário primeiro que eu queira ir; em segundo lugar, que meus pés me levem. Que um paralítico queira correr ou que um homem ágil não queira, todos os dois ficarão onde estão. O corpo político tem os mesmos motores: distingue-se igualmente a força e a vontade; esta sob o nome de poder legislativo, aquela sob o nome de poder executivo. Nada se faz ou se deve fazer sem a participação deles.

Do Contrato Social

Vimos que o poder legislativo pertence ao povo, e só a ele pode pertencer. Ao contrário, é fácil constatar, pelos princípios anteriormente estabelecidos, que o poder executivo não pode pertencer à generalidade como legislativo ou soberano, porque esse poder consiste exclusivamente de atos particulares que não são do recurso da lei, nem, por conseguinte, do soberano, cujos atos somente podem ser leis.

Assim, é necessário à força pública um agente próprio que a reúna e a concretize conforme as direções da vontade geral, que serve à comunicação do Estado e do soberano, que de certa maneira faça na pessoa pública o que a alma e o corpo fazem no homem. Eis qual é, no Estado, a razão do governo, inapropriadamente confundido com o soberano, que não passa de seu ministro.

O que é, então, o governo? Um corpo intermediário estabelecido entre os sujeitos e o soberano para sua correspondência mútua, encarregado da execução das leis e da manutenção da liberdade, tanto civil quanto política. Os membros desse corpo são chamados de magistrados ou reis – quer dizer, governantes – e o corpo inteiro leva o nome de príncipe. Assim, os que avaliam que o ato pelo qual um povo se submete a governantes não consiste num contrato estão muito certos. Trata-se absolutamente de uma comissão apenas, um emprego, no qual simples oficiais do soberano exercem em seu nome o poder que ele depositou, e que pode limitar, modificar ou reaver quando quiser. A alienação de um tal direito, sendo incompatível com a natureza do corpo social, é contrária ao objetivo da associação.

Chamo, portanto, de governo ou suprema administração o exercício legítimo do poder executivo, e príncipe ou magistrado o homem ou o corpo, o coletivo, encarregado dessa administração.

É no governo que se encontram as forças intermediárias, cujas relações compõem a do todo com o todo, ou do soberano com o Estado. Podemos representar esta última relação pela relação dos extremos de uma proporção contínua, da qual a média proporcional é o governo.

O governo recebe do soberano as ordens que dá ao povo, e, para que o Estado esteja em bom equilíbrio, deve, com tudo compensado, haver igualdade entre o produto ou o poder do governo tomado em si mesmo, e o produto ou o poder dos cidadãos, que são soberanos por um lado e sujeitos por outro.

No mais, não poderíamos alterar nenhum dos três termos sem romper imediatamente a proporção. Se o soberano quer governar, ou se o magistrado quer passar leis, ou se os sujeitos se recusam a obedecer, a desordem sucede à regra, a força e a vontade não agem mais em cooperação, e o Estado diluído cai no despotismo ou na anarquia. Enfim, como não há mais do que uma média proporcional entre cada relação, também não há mais do que um bom governo possível em um Estado; porém, como uma infinidade de eventos pode mudar as relações de um povo, não somente diferentes governos podem ser bons a povos diversos, mas ao mesmo povo em tempos distintos.

Para tratar de dar uma ideia das diversas relações que podem reinar entre esses dois extremos, tomarei por exemplo o tamanho da população como uma relação mais fácil a expressar.

Suponhamos que o Estado seja composto de dez mil cidadãos. O soberano só pode ser considerado coletivamente e em corpo, mas cada particular, na qualidade de sujeito, é considerado como indivíduo: de tal forma, o soberano está para o sujeito como dez mil está para um; isto é, cada membro do Estado somente tem para si a décima milésima parte da autoridade soberana, mesmo que a ela esteja submetido inteiramente. E se o povo fosse composto de cem mil homens, o estado dos sujeitos não se alteraria, e cada um carregaria igualmente todo o império das leis, enquanto o seu sufrágio, reduzido a um centésimo milésimo, teria dez vezes menos influência em sua redação. Ora, como o sujeito permanece sempre um só, a relação do soberano aumenta em razão do número de cidadãos.

De onde segue que, quanto mais o Estado cresce, mais a liberdade encolhe.

Do Contrato Social

Quando digo que a relação aumenta, entendo que se afasta da igualdade. Assim, quanto maior for a relação no sentido geométrico, menos haverá uma relação no sentido comum: no primeiro, com a relação considerada segundo a quantidade, será medida pelo expoente; e na outra, considerada segundo a identidade, será estimada pela semelhança.

Ora, quanto menos as vontades particulares se relacionarem à vontade geral, isto é, os costumes às leis, mais a força repressora há de aumentar. Então o governo, para ser bom, deve ser relativamente mais forte à medida que o povo é mais numeroso.

Por outro lado, com o engrandecimento do Estado a dar aos depositários da autoridade pública mais tentações e meios de abusar de seu poder, mais o governo deve ter força para conter o povo, e mais o soberano deve, por sua vez, também ter força para conter o governo. Não falo aqui de uma força absoluta, mas da força relativa das diversas partes do Estado.

Segue dessa dupla relação que a proporção contínua entre o soberano, o príncipe e o povo não é de todo uma ideia arbitrária, mas uma consequência necessária da natureza do corpo político. Decorre ainda que, estando um dos extremos (a saber, o povo como sujeitos) fixo e representado pela unidade, todas as vezes que a razão dupla aumenta ou diminui, a razão simples aumenta ou diminui de maneira similar. E, por consequência, o meio-termo se modifica. O que mostra que não há uma constituição de governo única e absoluta, mas que pode haver tantos governos diferentes em natureza quanto haja Estados diferentes em grandeza.

Se, ridicularizando esse sistema, dissessem que para encontrar essa média proporcional e formar o corpo do governo não fosse preciso, ao meu ver, mais do que tirar a raiz quadrada do conjunto do povo, eu responderia que não tomo essa quantificação como mais do que um exemplo. As relações de que falo não se medem somente pelo número de homens, mas em geral pela quantidade de ação, a qual se combina por uma vastidão de causas, e que, de resto, se para me exprimir em menos palavras tomo emprestado num momento termos da geometria, não ignoro, porém, que a precisão geométrica não tem lugar nas quantidades morais.

O governo é em tamanho pequeno o que o corpo político que o encapsula é em tamanho grande. É uma pessoa moral dotada de certas faculdades, ativa como o soberano, passiva como o Estado, e que se pode decompor em outras relações semelhantes de onde nasce por conseguinte uma nova proporção, ou ainda outra nesta, segundo a ordem dos tribunais, até que se chegue a um meio-termo indivisível, isto é, um só chefe ou magistrado supremo – que podemos representar, ao meio dessa progressão, como a unidade entre a série de frações e a dos números.

Sem nos embaraçar nessa multiplicação de termos, contentemo-nos em considerar o governo como um novo corpo no Estado, distinto do povo e do soberano, e intermediário entre um e outro.

Há essa diferença essencial entre os dois corpos, que o Estado existe por ele mesmo, e que o governo só existe graças ao soberano. Assim, a vontade dominante do príncipe não é ou não deve ser outra senão a vontade geral ou da lei; a sua força não é outra senão a força pública concentrada nele: tão logo queira determinar, por si, algum ato absoluto e independente, a ligação do todo começa a se afrouxar. Se acontecesse, enfim, que o príncipe tivesse uma vontade particular mais ativa que a do soberano, e que usasse, para obedecer a essa vontade particular, da força pública que está em suas mãos – de maneira que houvesse, por assim dizer, dois soberanos, um de direito e outro de fato –, a união social desapareceria de imediato e o corpo político estaria dissolvido. Entretanto, para que o corpo do governo tenha uma existência, uma vida real que o distinga do corpo do Estado; para que todos os seus membros possam agir em cooperação e responder ao fim pelo qual ele é instituído, necessita-se de um eu particular, uma sensibilidade comum a seus membros, uma força, uma vontade própria que tenda à sua conservação. Essa existência particular pressupõe assembleias, conselhos, um poder de deliberar, de resolver, direitos, títulos e privilégios que pertencem exclusivamente ao príncipe, e que tornam a condição do magistrado mais honorável à proporção que seja mais penosa. As dificuldades estão na maneira de ordenar o todo, esse todo subalterno, de maneira que não altere em nada a constituição geral ao consolidar a sua; que sempre distinga sua força particular, destinada à sua própria conservação, da força pública, destinada à conservação do Estado, e que em uma palavra ele esteja sempre pronto a sacrificar o governo pelo povo, e não o povo pelo governo.

Aliás, ainda que o corpo artificial do governo seja obra de um outro corpo artificial, e que não haja, de certo modo, senão uma vida emprestada e subordinada, isso não impede que ele não possa agir com menos ou mais vigor ou celeridade; que goze, por assim dizer, de uma saúde menos ou mais robusta. Enfim, sem se afastar diretamente do objetivo de sua instituição, pode desviar-se para mais ou para menos, conforme a maneira como é constituído. É de todas essas diferenças que nascem as diversas relações que o governo deve ter com o corpo do Estado, segundo as relações acidentais e particulares pelas quais esse mesmo Estado é modificado. Pois, com frequência, até mesmo o melhor governo se tornará o mais vicioso se as suas relações não se alterarem conforme os defeitos do corpo político a que ele pertence.

2

Do princípio que constitui as diversas formas de governo

Para expor a causa geral dessas diferenças, é preciso distinguir aqui o príncipe e o governo, como distingui anteriormente o Estado e o soberano.

O corpo do magistrado pode ser composto de um maior ou menor número de membros. Dissemos que a relação do soberano com os sujeitos crescia na mesma proporção da população, e por uma analogia evidente podemos dizer o mesmo do governo quanto aos magistrados. Ora, a força

JEAN-JACQUES ROUSSEAU

total do governo, sendo sempre a do Estado, não varia: daí decorre que quanto mais ele usa essa força sobre os seus próprios membros, menos lhe resta para agir sobre todo o povo.

Logo, quanto mais numerosos forem os magistrados, mais o governo é fraco. Como essa máxima é fundamental, dediquemo-nos a esclarecê-la melhor.

Podemos distinguir na pessoa do magistrado três vontades essencialmente diferentes: primeiro, a vontade própria do indivíduo, que tende somente à sua vantagem particular; em segundo lugar, a vontade comum dos magistrados, que se relaciona unicamente com a vantagem do príncipe, e que se pode chamar vontade de corpo – a qual é geral em relação ao governo e particular em relação ao Estado, do qual o governo faz parte; em terceiro lugar, a vontade do povo ou a vontade soberana, que é geral tanto em relação ao Estado, considerado como o todo, como em relação ao governo, considerado como parte do todo. Em uma legislação perfeita a vontade particular ou individual deve ser nula; a vontade de corpo própria ao governo muito subordinada; e por consequência a vontade geral ou soberana sempre dominante e a regra única de todas as outras.

Segundo a ordem natural, ao contrário, essas diferentes vontades tornam-se mais ativas à medida que se concentram. Assim, a vontade geral é sempre a mais fraca, a vontade do corpo tem a classificação secundária, e a vontade particular a primeira de todas: de modo que, no governo, cada membro é primeiramente ele próprio, e depois magistrado, em seguida cidadão; gradação diretamente oposta à que exige a ordem social.

Isso exposto, que todo o governo esteja nas mãos de um só homem, eis a vontade particular e a vontade de corpo perfeitamente reunidas, e esta por conseguinte no mais alto grau de intensidade que possa ter. Ora, como é do grau da vontade que depende o uso da força, e que a força absoluta do governo não varia, procede daí que o mais ativo dos governos é aquele de um só.

Do Contrato Social

Ao contrário, se unirmos o governo à autoridade legislativa, fazendo do soberano o príncipe, e de todos os cidadãos, magistrados: então a vontade do corpo, confundida com a vontade geral, não terá mais atividade do que ela, e deixará a vontade particular em toda a sua força. Assim, o governo, sempre com a mesma força absoluta, encontrar-se-á no seu mínimo de força relativa ou de atividade.

Essas relações são incontestáveis, e outras considerações servem ainda para confirmá-las. Vê-se, por exemplo, que cada magistrado é mais ativo no seu corpo do que cada cidadão no seu, e que, portanto, a vontade particular tem muito mais influência nos atos do governo do que nos do soberano, pois cada magistrado é quase sempre encarregado de alguma função no governo, ao passo que cada cidadão, tomado separadamente, não tem nenhuma função de soberania. De resto, quanto mais o Estado se estende, mais a sua força real aumenta, muito embora não aumente em razão de sua extensão: mas o Estado permanecendo o mesmo, por mais que os magistrados se multipliquem, o governo não adquire uma força real maior porque essa força real é a do Estado, cuja medida é sempre igual. Assim, a força relativa ou a atividade do governo diminui sem que a sua força absoluta ou real possa aumentar.

É também certo que a expedição dos negócios fica mais lenta quanto mais pessoas deles estiverem encarregadas. Ao se fazer concessões demasiadas à prudência, não se concede o suficiente para a fortuna e se deixa escapar a oportunidade; por deliberar muitas vezes, perde-se com frequência o fruto da deliberação.

Acabo de provar que o governo enfraquece à medida que os magistrados se multiplicam; e provei o que precede, que quanto mais o povo é numeroso, mais deve aumentar a força repressora. De onde decorre que a relação dos magistrados com o governo deve ser inversa à relação dos sujeitos com o soberano; isto é, quanto mais cresce o Estado, mais o governo deve se restringir, de forma a que o número dos chefes diminua em razão do aumento da população.

No mais, aqui apenas me refiro à força relativa do governo, e não à sua retidão: pois, ao contrário, quanto mais numerosos forem os magistrados, mais a vontade de corpo se aproxima da vontade geral, ao passo que sob um único magistrado essa mesma vontade de corpo não é, como já disse, senão uma vontade particular. Assim, perde-se por um lado o que se pode ganhar por outro, e a arte do legislador é saber fixar o ponto em que a força e a vontade do governo, sempre em proporção recíproca, combinam-se na relação mais vantajosa para o Estado.

3

Divisão dos governos

Vimos no capítulo precedente por que se distinguem as diversas espécies ou formas de governo pelo número dos membros que o compõem. Neste, resta verificar como se dá essa divisão.

O soberano pode, em primeiro lugar, confiar o governo a todo o povo ou à maioria do povo, de modo que não haja mais cidadãos magistrados do que particulares simples. Dá-se a essa forma de governo o nome de democracia.

Ou, alternativamente, pode limitar o governo entre as mãos de um pequeno número, de maneira que não haja mais cidadãos simples do que magistrados; e essa forma leva o nome de aristocracia.

Finalmente, o soberano também pode concentrar o governo nas mãos de um único magistrado, de quem emana o poder de todos os outros. Essa terceira forma é a mais comum, e se chama monarquia, ou governo real.

É necessário notar que todas essas formas, ou ao menos as duas primeiras, são suscetíveis a uma maior ou menor – e até mesmo a uma grande – latitude; pois a democracia pode abarcar todo o povo ou restringir-se à metade dele. A aristocracia, por sua vez, pode restringir-se da metade do povo até o menor número, de maneira indeterminada. A própria realeza

Do Contrato Social

é suscetível de alguma partilha. Esparta teve constantemente dois reis, seguindo sua constituição; e no Império Romano chegou-se a ver até oito imperadores ao mesmo tempo, sem que se pudesse dizer que o império estivesse dividido. Assim, existe um ponto onde cada forma de governo se confunde com a seguinte, e constata-se que, sob apenas três denominações, o governo é realmente capaz de assumir formas tão diversas quanto o número de cidadãos do Estado.

Há mais: esse mesmo governo pode, em certos aspectos, se subdividir em outras partes, uma administrada de um modo e a outra, de maneira diferente, e daí resultar dessas três formas combinadas uma infinidade de formas mistas, cada uma multiplicável por todas as formas simples.

Sempre muito se discutiu acerca da melhor forma de governo, sem considerar que cada uma delas é a melhor forma para certos casos, e a pior para outros.

Se, nos diferentes Estados, o número de supremos magistrados tiver de ser em razão inversa à dos cidadãos, resulta que em geral o governo democrático convém aos pequenos Estados, a aristocracia aos medianos e a monarquia aos grandes. Essa regra advém imediatamente do princípio. Mas como contar a infinidade de circunstâncias que podem produzir as exceções?

4

Da democracia

Aquele que faz a lei sabe mais do que ninguém como ela deve ser executada e interpretada. Surge a impressão, então, de que não poderia haver uma melhor constituição do que a que unisse o poder executivo ao legislativo: porém, é justamente isso que deixa o governo deficiente em tantos aspectos, porque as coisas que devem ser diferenciadas não o são, e porque o príncipe e o soberano, sendo a mesma pessoa, não formam mais do que um governo sem governo, por assim dizer.

Não é bom que quem faça as leis também as execute, nem que o corpo do povo desvie a sua atenção das vistas gerais para concentrá-la nos objetos particulares. Nada mais perigoso do que a influência dos interesses privados nos assuntos públicos, e o abuso das leis pelo governo é um mal menor do que a corrupção do legislador, consequência infalível das visões particulares. Aí, com o Estado alterado na sua substância, toda reforma torna-se impossível. Um povo que nunca abusasse do governo tampouco abusaria da independência; um povo que governasse sempre bem não teria a necessidade de ser governado.

Se tomado o termo no seu significado mais rigoroso, então nunca existiu uma democracia verdadeira, e nunca existirá. É contra a ordem natural que o maior número governe e que o menor seja governado.

Não é possível imaginar o povo incessantemente reunido em assembleia para debruçar-se sobre os temas públicos, e vê-se facilmente que não se conseguiria estabelecer comissões sem que a forma da administração mudasse. De fato, penso estabelecer como princípio que, quando as funções do governo são partilhadas entre vários tribunais, os menos numerosos adquirem cedo ou tarde a mais alta autoridade, quanto mais não fosse pela facilidade de despachar os processos, a que se lhes leva naturalmente.

Aliás, quanta coisa difícil de reunir não pressupõe tal governo! Primeiro, um Estado bem pequeno, onde seja fácil reunir o povo, e onde cada cidadão possa facilmente conhecer todos os outros; segundo, uma grande simplicidade de costumes que previna a vastidão de questões e de discussões espinhosas; em seguida, bastante igualdade em suas fileiras e fortunas, sem a qual a igualdade não poderia subsistir por muito tempo no campo dos direitos e da autoridade; por fim, pouco ou nenhum luxo, pois ou o luxo é efeito das riquezas, ou as torna necessidade, corrompe de uma só vez o rico e o pobre, o primeiro pela posse, o outro pela cobiça; vende a pátria à indolência, à vaidade; assalta o Estado de todos os seus cidadãos ao pôr uns a serviço dos outros, e todos a serviço da opinião pública.

Do Contrato Social

Eis por que um célebre autor considerou a virtude como princípio para a república, pois todas essas condições não poderiam subsistir sem a virtude; mas, na falta das distinções necessárias, a esse belo gênio faltaram muitas vezes precisão, por vezes clareza, e não enxergou que, sendo a autoridade soberana a mesma em todo lado, o mesmo princípio deve ter lugar em todo Estado bem constituído, ou mais ou menos, é verdade, em conformidade à forma de governo.

Acrescentemos que não existe governo tão sujeito às guerras civis e às agitações intestinas quanto o democrático ou popular, porque não há nenhum que tenda tão fortemente e tão continuamente a mudar de forma, nem que exija mais vigilância e coragem para ser mantido na sua forma de governo. É sobretudo nessa constituição que o cidadão deve se armar de força e de constância, e dizer cada dia da sua vida, do fundo do seu coração, o que dizia um virtuoso conde palatino na Assembleia da Polônia:

Malo periculosam
libertatem quam quietum servitium[8].

Se existisse um povo de deuses, eles se governariam democraticamente. Um governo tão perfeito não convém aos homens.

5

Da aristocracia

Temos aqui duas pessoas morais muito distintas, a saber, o governo e o soberano; e, por conseguinte, duas vontades gerais, uma perante todos os cidadãos, outra apenas perante os membros da administração. Assim, ainda que o governo possa regulamentar a sua política interna como desejar,

---

[8] Citação em latim que, em português, significa "Antes os perigos da liberdade do que a tranquilidade da servidão". (N.T.)

não pode jamais falar ao povo a não ser em nome do soberano, isto é, em nome do próprio povo; o que não se deve jamais esquecer.

As primeiras sociedades se governavam aristocraticamente. Os chefes das famílias deliberavam entre eles os assuntos públicos. Os jovens cediam sem dificuldade à autoridade da experiência. Daí as designações como padres, anciões, senado, gerontes. Os selvagens da América setentrional ainda se governam assim nos dias de hoje e são muito bem governados.

Contudo, à medida que a desigualdade institucional veio a prevalecer sobre a desigualdade natural, a riqueza ou o poder apresentaram-se como preferíveis à idade, e a aristocracia tornou-se eletiva. Enfim, o poder transmitido com os bens do pai aos filhos, tornando as famílias patrícias, transformou o governo em hereditário, e aí viemos a ver senadores de vinte anos.

Há, pois, três tipos de aristocracia: natural, eletiva, hereditária. A primeira convém exclusivamente a povos simples; a terceira é o pior de todos os governos. A segunda é o melhor: é a aristocracia propriamente dita. Para além da vantagem da distinção dos dois poderes, tem a da escolha de seus membros, pois no governo popular todos os cidadãos nascem magistrados; mas a aristocracia os restringe a um pequeno número e lá chegam apenas por intermédio de eleições, meio pelo qual a probidade, a lucidez, a experiência e todas as outras razões de preferência e de estima pública são tantas novas garantias de que se será sabiamente governado.

No mais, as assembleias se fazem mais comodamente; os processos são mais bem discutidos e expedidos com mais ordem e diligência; o crédito do Estado é mais bem mantido no estrangeiro por veneráveis senadores do que por uma multidão desconhecida e desprezada.

Em suma, é da melhor e mais natural ordem que os mais sábios governem a multidão, quando estamos seguros de que a governarão para vantagem dela, e não em benefício próprio. Já não é mais preciso multiplicar em vão os recursos, nem fazer com vinte mil homens o que cem homens selecionados conseguem melhor. Mas cabe apontar que o

Do Contrato Social

interesse de corpo começa aqui a dirigir menos a força pública sobre a regra da vontade geral, e que uma outra inclinação inevitável retira às leis uma parte do poder executivo.

No que diz respeito às conveniências particulares, não se precisa nem de um Estado tão pequeno, nem de um povo tão simples e íntegro, que a execução das leis derive imediatamente da vontade pública, como em uma boa democracia. Tampouco é preciso uma nação tão grande que os chefes dispersos para governá-la possam, cada qual em seu departamento, dispensar-se do soberano e começar a se posicionar de maneira independente para tornar-se senhores no horizonte.

Mas se a aristocracia exige algumas virtudes a menos do que o governo popular, ela exige também outras que lhe são muito próprias, como a moderação entre os ricos e o contentamento entre os pobres; pois parece que uma igualdade rigorosa seria inapropriada – nem sequer em Esparta tal se observou.

De resto, se essa forma comporta uma certa desigualdade de fortuna, é para que em geral a administração dos assuntos públicos seja confiada aos que melhor podem dedicar-lhes todo o seu tempo, e não, como pretende Aristóteles, para que os ricos sejam sempre preferidos. Ao contrário, importa que uma escolha oposta ensine às vezes ao povo que há, no mérito dos homens, razões de preferência mais importantes do que a riqueza.

6

Da monarquia

Até aqui consideramos o príncipe como uma pessoa moral e coletiva, unida pela força das leis, e depositário no Estado do poder executivo. Havemos agora de considerar esse poder reunido nas mãos de uma pessoa natural, um homem real, que sozinho tem o direito de dispor de tal poder na conformidade das leis. É o que chamamos de um monarca ou um rei.

Jean-Jacques Rousseau

Bem ao contrário de todas as outras administrações nas quais um ser coletivo representa um indivíduo, nesta um indivíduo representa um ser coletivo; de modo que a unidade moral que constitui o príncipe é ao mesmo tempo uma unidade física, na qual todas as faculdades que a lei reúne na outra com tantos esforços se encontram naturalmente reunidas.

Assim, a vontade do povo, e a vontade do príncipe, e a força pública do Estado, e a força particular do governo, tudo responde à mesma finalidade, todos os recursos da máquina estão na mesma mão, tudo caminha para o mesmo objetivo; inexistem movimentos opostos que se autodestruam e não se consegue imaginar uma constituição na qual um esforço mínimo produza uma ação mais considerável. Arquimedes, sentado tranquilamente à margem costeira, a rebocar sem esforço uma grande embarcação, representa a meu ver um monarca hábil, governando de seu gabinete seus vastos Estados, e fazendo tudo mexer-se enquanto se aparenta imóvel.

Mas se não há governo com mais vigor, tampouco há governo em que a vontade particular tenha mais império e domine mais facilmente as outras: tudo caminha para o mesmo objetivo, é verdade; mas esse objetivo não é o da felicidade pública, e a própria força da administração gira sem cessar em prejuízo do Estado.

Os reis desejam ser absolutos, e de longe lhes exclamam que a melhor maneira de sê-lo é se fazer amado pelos seus povos. Essa máxima é muito bonita, e mesmo verdadeira em certos aspectos. Infelizmente, porém, sempre fazem troça dela nas cortes. O poder que vem do amor dos povos é sem dúvida o maior; mas é precário e condicional; jamais os príncipes se contentarão. Os melhores reis querem poder ser maus se assim desejarem, sem por isso cessar de ser o senhor daqueles. Por mais que um pregador político lhes diga que, por ser a força do povo a sua própria, e assim haja o maior interesse que o povo seja pujante, numeroso, temível, eles sabem muito bem que isso não é verdade. O seu interesse pessoal é, em primeiro lugar, que o povo seja fraco, miserável, e que nunca possa oferecer resistência. Admito que se supuséssemos os sujeitos como súditos

Do Contrato Social

sempre perfeitamente submissos, o interesse do príncipe seria então que o povo fosse poderoso, uma vez que esse poder, também sendo o seu, iria torná-lo temido por seus vizinhos; mas, como esse interesse não é mais do que secundário e subordinado, e que as duas suposições são incompatíveis, é natural que os príncipes deem preferência à máxima que lhes é mais imediatamente útil.

É o que Samuel representava fortemente para os hebreus; é o que Maquiavel demonstrou com evidência. Fazendo de conta que prestava lições aos reis, prestou-as, em grande, aos povos. *O príncipe*, de Maquiavel, é o livro dos republicanos.

Achamos, pelas relações gerais, que a monarquia somente convém aos grandes Estados; e ainda acharemos ao examiná-la em si mesma. Quanto mais numerosa for a administração pública, mais a relação entre o príncipe e os sujeitos diminui e se aproxima da igualdade, de maneira que essa relação é uma ou a total igualdade da democracia. Essa mesma relação aumenta à medida que o governo se contrai, e vai a seu máximo quando o governo está nas mãos de um só. Aí se encontra uma enorme distância entre o príncipe e o povo, e o Estado carece de ligação. Para formá-la é necessário, então, que haja ordens intermediárias. São necessários os príncipes, os grandes senhores e a nobreza para preenchê-las. Ora, nada disso convém a um pequeno Estado, a quem todos esses graus trazem a ruína.

Mas se é difícil que um grande Estado seja bem governado, é ainda mais que seja bem governado por um só homem, e cada um sabe o que acontece quando o rei se mune de ministros substitutos.

Um defeito essencial e inevitável, que colocará sempre o governo monárquico abaixo do republicano, é que neste último a voz pública quase sempre eleva às primeiras posições os homens esclarecidos e capazes, que as ocupam com honra; ao passo que os que tal alcançam nas monarquias com frequência não são mais do que uns aparvalhados, malandros, intriguistas, a quem os pequenos talentos, que nas cortes fazem chegar às mais altas posições, servem apenas para mostrar ao público a inépcia deles tão logo lá cheguem. O povo se engana bem menos sobre essa escolha do que o príncipe; e um homem de mérito verdadeiro é quase tão raro no ministério real quanto um tolo à frente de um governo republicano. Por igual modo, quando, por algum afortunado acaso, um desses homens nascidos para governar toma o leme dos processos em uma monarquia praticamente assolada por esse bando de dirigentes, nos surpreendemos com os recursos que ele encontra, e isso marca época num país.

Para que um Estado monárquico possa ser bem governado, é necessário que a sua grandeza ou a sua extensão seja medida pelas faculdades de quem o governa. É mais fácil conquistar do que governar. Com alavanca suficiente, com um dedo se pode abalar o mundo; mas para sustentá-lo são precisos ombros de Hércules. Por pouco que se considere um Estado como grande, o príncipe é quase sempre demasiado pequeno. Quando, ao contrário, acontece que um Estado seja muito pequeno para o seu chefe, o que é muito raro, ainda assim é mal governado, porque o chefe, sempre seguindo a grandeza de suas visões, esquece os interesses dos povos, e não os faz menos infelizes pelo abuso dos talentos que tem a mais do que um chefe limitado por defeito dos que têm a menos. Seria preciso, por assim dizer, que um reino se estendesse ou encolhesse a cada reinado, conforme o alcance do príncipe; ao passo que, tendo os talentos de um senado medidas mais fixas, o Estado consegue ter limites constantes, e a administração não vai menos bem.

O inconveniente mais sensível do governo de um só é o defeito dessa sucessão contínua que forma nos dois outros uma ligação ininterrupta. Falecido um rei, precisa-se de outro; as eleições deixam intervalos perigosos; são tempestuosas; e a menos que os cidadãos tenham um desinteresse e uma integridade com as quais tal governo pouco pode contar, a briga e a corrupção interferem. É difícil que aquele a quem o Estado se vendeu não o venda também, à sua vez, e não desconte dos fracos as riquezas que os fortes lhe extorquiram. Cedo ou tarde tudo se torna venal sob uma administração desse tipo, e a paz gozada sob o jugo dos reis é pior do

Do Contrato Social

que a desordem dos interregnos. O que se fez para prevenir esses males? Fizeram as coroas hereditárias em certas famílias; e se estabeleceu uma ordem de sucessão que previne toda disputa quando da morte dos reis; ou seja, ao se substituir o inconveniente das regências pelo das eleições, deu-se preferência a uma aparente tranquilidade em vez de uma administração sábia, e que se preferiu ter crianças, monstros ou imbecis como chefes do que disputar sobre a escolha dos bons reis.

Não se considerou que, ao se expor dessa forma aos riscos da alternativa, coloca-se quase todas as chances contra si. Foi expressão muito sensata a do jovem Dionísio na resposta que deu a seu pai quando este, censurando-o por uma ação vergonhosa, lhe indagou: "Foi esse o exemplo que te dei?"; "Ah!", respondeu o filho, "vosso pai não era rei".

Tudo concorre para privar de justiça e de razão um homem criado para comandar os outros. É tarefa muito árdua, dizem, ensinar aos jovens príncipes a arte de reinar: não parece que tal educação lhes beneficie. Melhor fariam se começassem ensinando-lhes a arte de obedecer. Os maiores reis que a história celebra não foram de todo criados para reinar; é uma ciência que nunca se possui menos do que depois de aprendê-la, e que se adquire melhor ao obedecer do que ao comandar.

Nam utilissimus idem ac brevissimus bonarum malarumque rerum delectus, cogitare quid aut nolueris sub alio principe, aut volueris[9].

Um resultado desse defeito de coerência é a inconstância do governo real, que, regulando-se ora em um plano, ora em outro – conforme o caráter do príncipe que reina ou dos que reinam por ele –, não pode guardar por muito tempo um objeto fixo ou uma condução consequente; variação que sempre deixa o Estado a flutuar de máxima em máxima; de projeto em projeto, e que não tem lugar em outros governos, nos quais

---

[9] Frase em latim cujo significado, em português, é "A maneira mais rápida e eficaz de discernir o bem do mal é questionar como se gostaria que fossem as coisas caso um outro fosse rei". (N.T.)

o príncipe é sempre o mesmo. Assim, constata-se que, em geral, se há mais artimanha em uma corte, há mais sabedoria em um senado, e que as repúblicas chegam a seus fins por meio de visões mais constantes e mais bem servidas, ao passo que cada revolução no ministério produz outra no Estado – sendo a máxima comum a todos os ministros, e a quase todos os reis, a de tomar em todas as coisas o contrapé dos seus predecessores. Dessa mesma incoerência se tira ainda a solução de um sofisma muito familiar aos políticos da realeza; é o de não somente comparar o governo civil ao governo doméstico e o príncipe ao pai da família, erro já refutado, mas ainda o de dar deliberadamente a esse magistrado todas as virtudes de que tivesse necessidade, e de supor sempre que o príncipe é quem deveria ser: uma suposição em suporte da qual o governo régio é evidentemente preferível a todos os outros, por ser, de modo incontestável, o mais forte, e que, por também ser o melhor, não lhe falta senão uma vontade do corpo mais conforme à vontade geral.

Porém, segundo Platão, se o rei por natureza é um personagem tão raro, quantas vezes a natureza e a fortuna concorrem para coroá-lo? E se a educação real corrompe necessariamente os que a recebem, o que se deve esperar de uma sequência de homens criados para reinar? Mais vale, então, desejar ser abusado do que confundir o governo real com o de um bom rei. Para ver o que é o governo em si mesmo, é preciso considerá-lo sob príncipes limitados ou maldosos, pois é assim que chegarão ao trono, ou assim que o trono os deixará.

Essas dificuldades não escaparam aos nossos autores; mas nem por isso se embaraçaram. O remédio, dizem eles, é obedecer sem murmúrio; Deus dá os reis maus em sua cólera, e é preciso suportá-los como penitência dos céus. Esse discurso é edificante, sem dúvida; mas não sei se não seria mais adequado para uma cátedra do que para um livro de política. O que dizer de um médico que promete milagres, e que toda arte não passa a de exortar o seu enfermo à paciência? Já se sabe que é preciso sofrer um mau governo quando se tem um; a questão seria de como encontrar um bom.

7

Dos governos mistos

Estritamente falando, não existe governo simples. É necessário que um chefe único tenha magistrados subalternos; e que um governo popular tenha um chefe. Desse modo, na partilha do poder executivo, há sempre gradação do número maior para o menor, com essa diferença de que tanto o maior número depende do pequeno quanto o pequeno depende do grande.

Por vezes há partilha igual, como quando as partes constituintes estão em uma dependência mútua, como no governo da Inglaterra; ou como quando a autoridade de cada parte é independente, mas imperfeita, como na Polônia. Essa última forma é má, porque não há unidade no governo, e o Estado carece de ligação.

Qual seria o melhor, um governo simples ou um governo misto? Questão muito agitada entre os políticos, e à qual se deve oferecer a mesma resposta que já ofereci antes aqui sobre toda forma de governo.

O governo simples é em si o melhor pela pura razão de ser simples. Todavia, quando o poder executivo não depende muito do legislativo, isto é, quando existe mais relação entre o príncipe e o soberano do que entre o povo e o príncipe, há de se remediar esse defeito de proporção dividindo o governo; pois aí todas as suas partes não terão menos autoridade sobre os sujeitos, e sua divisão as tornará, todas juntas, menos fortes contra o soberano. É de prevenir-se novamente o mesmo inconveniente ao estabelecer magistrados intermediários que, deixando o governo em sua totalidade, servem somente para equilibrar os dois poderes e para manter os seus respectivos direitos. Então o governo não é misto, é temperado.

Pode-se remediar através de meios parecidos ao inconveniente oposto; e, quando o governo é demasiado covarde, erigir tribunais para concentrá-lo; isso se pratica em todas as democracias. No primeiro caso, divide-se o governo para enfraquecê-lo, e no segundo, para reforçá-lo; pois o máximo de força e de fraqueza encontra-se igualmente nos governos simples, ao passo que as formas mistas proporcionam uma força média.

8
Que nem toda forma de governo é própria a todo país

A liberdade, não sendo um fruto de todos os climas, não está ao alcance de todos os povos. Quanto mais meditamos sobre esse princípio, estabelecido por Montesquieu, mais sentimos a sua verdade; quanto mais o contestamos, mais oferecemos ocasião para estabelecê-lo com novas provas.

Em todos os governos do mundo, a pessoa pública consome e nada produz. De onde lhe vem, então, a substância consumida? Do trabalho de seus membros. É o supérfluo (isto é, o excedente) dos particulares que produz o necessário do público. De onde segue que o Estado civil não pode subsistir a não ser na medida em que o trabalho dos homens gera produção para além das suas necessidades.

Ora, esse excedente não é o mesmo em todos os países do mundo. Em vários países ele é considerável, em outros medíocre, em outros inexistente, e em outros, ainda, negativo. Essa relação depende da fertilidade do clima, do tipo de trabalho que a terra exige, da natureza de suas produções, da força de seus habitantes, do maior ou menor consumo necessário a eles, e de várias outras relações semelhantes das quais se componha.

Por outro lado, os governos também não são da mesma natureza; há uns mais ou menos vorazes; e as diferenças são fundadas sobre este outro princípio em que, quanto mais as contribuições públicas se afastam de sua fonte, mais elas são onerosas. Não é sobre a quantidade das imposições que se deve medir essa carga, mas sobre o caminho que elas têm a fazer para retornar às mãos das quais saíram. Quando essa circulação é pronta e bem estabelecida, quer paguemos muito ou pouco, não importa, o povo

Do Contrato Social

é sempre abastado e as finanças vão sempre bem. Ao contrário, por pouco que o povo dê, quando desse pouco não se vê retorno, a doação contínua não tardará para chegar à exaustão: o Estado não é jamais rico e o povo sempre mendiga.

Decorre daí que quanto mais aumenta a distância do povo para o governo, mais onerosos se tornam os tributos. De tal maneira, na democracia o povo é menos sobrecarregado; na aristocracia já é mais; e na monarquia carrega o maior dos pesos. A monarquia não convém, portanto, senão às nações opulentas; a aristocracia aos Estados médios, tanto em riqueza quanto em grandeza; e a democracia aos Estados pequenos e pobres.

Efetivamente, quanto mais refletimos acerca de tal tema, mais vemos aí a diferença entre os Estados livres e as monarquias. Nos primeiros, tudo se emprega para a utilidade comum; nos outros, as forças públicas e particulares são recíprocas; e uma aumenta quando há o enfraquecimento da outra: por fim, em vez de governar os sujeitos para torná-los felizes, o despotismo os faz miseráveis para governá-los.

Eis, então, em cada clima, as causas naturais sobre as quais se pode assinalar a forma de governo que se pressupõe da força do clima, e dizer mesmo qual tipo de habitantes deve haver.

Os lugares ingratos e estéreis, onde a produção não vale a labuta, devem permanecer incultos e desertificados, ou povoados somente por selvagens: os lugares onde o trabalho dos homens não gera senão exatamente o necessário deve ser habitado por povos bárbaros; toda civilização se provaria impossível; os lugares onde o excesso da produção sobre o trabalho é mediano convém aos povos livres; aqueles onde o território abundante e fértil dá muito produto por pouco trabalho querem ser governados monarquicamente, para consumir pelo luxo do príncipe o excesso do supérfluo dos sujeitos; pois mais vale que esse excesso seja absorvido pelo governo do que dissipado pelos particulares. Há exceções, sei bem, mas as próprias exceções confirmam a regra, na medida em que produzem mais cedo ou mais tarde revoluções que retornam as coisas à ordem da natureza.

Distingamos sempre as leis gerais das causas particulares que possam modificar os seus efeitos. Mesmo que toda a região do Midi, o Sul da França, viesse a estar coberta de repúblicas, e todo o Norte de Estados despóticos, não seria menos verdade que, por efeito do clima, o despotismo convenha aos países quentes, a barbárie aos países frios, e a boa entidade política às regiões intermediárias. Vejo ainda que, ao acordar esse princípio, poder-se-á disputar quanto à aplicação: poderão dizer que há países frios muito inférteis, e meridionais muito ingratos.

Porém, essa dificuldade não existe senão para aqueles que não examinam a coisas em todas as suas relações. É necessário, como já disse, contar com os trabalhos, as forças, o consumo, etc.

Suponhamos que de dois terrenos iguais um produza cinco armazéns enquanto o outro produz dez. Se os habitantes do primeiro consomem quatro e os do outro nove, o excesso do primeiro produto será um quinto, e o do segundo um décimo. A relação desses dois excessos é, portanto, inversa à dos produtos: o terreno que só produz cinco oferecerá um excedente em dobro daquele cujo terreno produz dez.

Mas não se trata de um produto em dobro, e creio mesmo que ninguém ousaria colocar em geral a fertilidade dos países frios como igual à dos quentes. Todavia, suponhamos essa igualdade; deixemos na balança, se assim quisermos, a Inglaterra com a Sicília, e a Polônia com o Egito; quanto mais ao sul, teremos a África e as Índias; quanto mais ao norte, já não teremos nada. Para essa igualdade de produto, que diferença no cultivo: na Sicília, basta arranhar a terra; já na Inglaterra, quantos cuidados não são necessários para se trabalhar o campo! Ora, onde forem necessários mais braços para se conseguir o mesmo produto, o excedente deve necessariamente vir em menor quantidade.

Considerai, para além disso, que a mesma quantidade de homens consome muito menos em um país quente. O clima exige que nos guardemos sóbrios para uma boa conduta: os europeus que querem ir lá viver como aqui tombam todos de disenteria e indigestão.

Do Contrato Social

Diz Chardin:

"*Somos feras carniceiras, lobos, em comparação com os asiáticos. Alguns atribuem a sobriedade dos persas ao fato de seu país ser menos cultivado. Acredito, pelo contrário, que o seu país tenha menor abundância de produtos pelo fato de os habitantes terem menor necessidade. Se a frugalidade deles fosse um efeito da escassez do país, somente os pobres comeriam pouco, quando se constata que todos agem assim; e se comeria para mais ou para menos em cada província, conforme a fertilidade da região, mas a mesma sobriedade se verifica por todo o reino. Eles exaltam bem a sua maneira de viver, e ao que tudo indica basta olhar para a sua tez para reconhecer como superar a dos cristãos (armênios, neste contexto). De fato, a tez dos persas é unida, têm uma boa pele, fina e polida; ao passo que a tez dos armênios, seus vassalos, que vivem como europeus, é rude, mostra vermelhidão, e os seus corpos são grandes e pesados*".

Quanto mais nos aproximamos da linha do Equador, mais os povos vivem de pouco. Não comem quase nenhuma carne; o arroz, o milho, o cuscuz, o milhete e a mandioca são seus alimentos comuns. Há nas Índias milhões de homens cuja alimentação não lhes custa nada por dia. Na própria Europa vemos diferenças sensíveis no apetite entre os povos do Norte e os do Sul. Um espanhol viverá oito dias do jantar de um alemão. Nos países onde os homens são mais vorazes, o luxo se dirige também para os bens de consumo: na Inglaterra tal se apresenta sobre uma mesa carregada de carnes; na Itália vos espairecem de açúcares e flores.

O luxo das vestimentas oferece também semelhantes diferenças. Nos climas onde as mudanças de estações são rápidas e violentas, as vestes são melhores e mais simples; já nos que se vestem apenas pelo adorno procura-se mais o esplendor do que a utilidade; as próprias vestes são em si um luxo. Em Nápoles pode-se ver todos os dias a passear pelo Posillipo homens em vestes douradas e nenhuma meia. A mesma coisa se passa com as moradias: tudo se dá à magnificência quando nada há a temer das injúrias do ar. Em Paris, em Londres, o que se quer é ser alojado no calor e no conforto; em Madri há salões soberbos, mas nenhuma janela que se feche, e dormem em camas que mais parecem ninhos de ratos.

Os alimentos são muito mais substanciais e suculentos nos países quentes; é uma terceira diferença que não pode carecer de influenciar a segunda. Por que se comem tantos legumes na Itália? Porque são bons, nutritivos, de gosto excelente. Na França, onde não levam nada além de água, não alimentam nada e são quase tidos como nada sobre a mesa. E, entretanto, não ocupam menos terreno e ainda custam tanto ou mais esforços para serem cultivados. É uma experiência provada de que os trigos da Barbária (África setentrional), aliás inferiores aos da França, dão muito mais farinha, e que os da França, por sua vez, já dão mais do que o trigo a norte. No que podemos decorrer que uma semelhante gradação se observa geralmente na mesma direção da linha do Equador ao polo. Ora, não é uma desvantagem notável ter, por um produto igual, uma quantidade menor de alimentos?

A todas essas diferentes considerações posso acrescentar uma que delas advém e as fortalece: os países quentes têm menos habitantes que os frios, e poderiam alimentar mais, o que vem produzir um duplo excedente, sempre em vantagem do despotismo. Quanto maior a área ocupada por um igual número de habitantes, mais as revoltas se tornam difíceis, porque não se pode organizá-las nem rápida, nem secretamente, e é sempre fácil para o governante dissipar tais projetos e cortar as comunicações. Porém, quanto mais encerrada e próxima é uma população numerosa, menos o governo consegue usurpar sobre o soberano; e os chefes deliberam também, tão seguros em suas câmaras quanto o príncipe em seu conselho, e a multidão se reúne tão celeremente nas praças quanto as tropas nos quartéis. A vantagem de um governo tirânico é, portanto, a de agir a grandes distâncias. Com a ajuda dos pontos de apoio que ele se dá, sua força aumenta na distância tal como uma alavanca. A do povo, no

Do Contrato Social

sentido oposto, só age quando concentrada; evapora e se perde quando dispersa na extensão; como o efeito da pólvora espalhada pela terra, que só queima um grão de cada vez. Assim, os países menos povoados são os mais próprios à tirania; as criaturas ferozes só reinam nos desertos.

9

Dos sinais de um bom governo

Quando, portanto, indagamos qual é, absolutamente, o melhor governo, formulamos uma pergunta de resposta tanto insolúvel como indeterminada; ou, se preferirmos, ela tem tantas boas soluções quanto há combinações possíveis nas posições absolutas e relativas dos povos.

Mas se perguntassem por qual sinal pode-se saber que um determinado povo é bem ou mal governado, já seria outra coisa, e a questão de fato poderia ser resolvida.

Entretanto, não a resolvem, porque cada um quer resolvê-la à sua maneira. Os sujeitos vassalos exaltam a tranquilidade pública; os cidadãos, a liberdade dos particulares; um prioriza a segurança das propriedades, outro a das pessoas; um quer que o melhor governo seja o mais severo, outro defende a tese de que seja o mais brando; este gostaria que os crimes fossem punidos, aquele que fossem prevenidos; este aprecia que os vizinhos nos temam, aquele prefere que nos ignorem. Um está satisfeito quando o dinheiro circula, outro exige que o povo tenha pão.

Ainda que chegassem a um acordo sobre esses e outros pontos similares, estariam, por acaso, mais avançados? Carecendo as qualidades morais de medida exata, mesmo que haja acordo sobre o sinal, como sê-lo sobre a estimativa?

Quanto a mim, impressiona-me sempre que se desconheça um sinal tão simples, ou que se tenha a má-fé de não convir sobre um. Qual é a finalidade da associação política? É a preservação e a prosperidade de seus membros. E qual é o sinal mais seguro de que se preservam e prosperam? O seu número e a sua população. Não ide buscar em outro lado esse sinal tão disputado. Todas as coisas dadas por iguais, o governo em que, sem meios estrangeiros, naturalizações ou colônias, os cidadãos mais povoam e se multiplicam, é infinitamente o melhor. Aquele sob o qual um povo diminui e debilita-se é o pior. Calculadores, agora é responsabilidade de vocês; contar, medir, comparar.

10
Do abuso do governo e de sua tendência à degeneração

Como a vontade particular age sem cessar contra a vontade geral, assim o governo faz um esforço contínuo contra a soberania. Quanto mais esse esforço cresce, mais a constituição se altera; e como não há aqui outra vontade de corpo que, resistindo à do príncipe, faça equilíbrio com ela, invariavelmente sucede mais cedo ou mais tarde que o príncipe oprime por fim o soberano e rompe com o contrato social. Eis aí o vício inerente, e inevitável, que desde a concepção do corpo político tende sem descanso a destruí-lo, tal e qual a velhice e a morte destroem, por fim, o corpo do homem.

Existem duas vias gerais pelas quais um governo se degenera: a saber, quando se comprime ou quando o Estado se dissolve.

O governo se comprime quando passa do maior número para o menor, ou seja, da democracia para a aristocracia, e da aristocracia à realeza. Aí está a sua inclinação natural. Se regredisse do pequeno para o grande, poderíamos dizer que esse progresso invertido é impossível.

De fato, jamais o governo muda de forma a não ser quando a sua mola já gasta deixa-o demasiado enfraquecido para poder conservá-la. Ora, se ele se descomprimisse enquanto se estendesse, a sua força se tornaria

Do Contrato Social

totalmente nula, e subsistiria ainda menos. Logo, é necessário voltar e apertar a mola à medida que cede; doutra forma, o Estado que ela segura cairia em ruína.

O caso da dissolução do Estado pode acontecer de duas maneiras. Primeira, quando o príncipe não administra mais o Estado de acordo com as leis e usurpa o poder soberano. Aí se produz uma mudança notável; é que o Estado, e não o governo, se comprime; quero dizer que o Estado se dissolve e que se forma um outro dentro dele, composto somente de membros do governo, e que não é nada para o resto do povo senão o seu senhor e seu tirano. De modo que no instante em que o governo usurpa a soberania, o pacto social é rompido; e todos os simples cidadãos, introduzidos de direito na sua liberdade natural, são forçados, mas não obrigados, a obedecer.

O mesmo acontece também quando os membros do governo usurpam separadamente o poder que deveriam exercer apenas coletivamente; o que não constitui uma pequena infração das leis, e vem a produzir uma desordem ainda maior. Então temos, por assim dizer, tantos príncipes quanto se tem de magistrados; e o Estado, não menos dividido que o governo, perece ou muda de forma.

Quando o Estado se dissolve, o abuso do governo, qualquer que seja, toma o nome comum de anarquia. Para distinção, a democracia se degenera em oclocracia, a aristocracia em oligarquia: acrescentaria que a realeza se degenera em tirania, mas este último termo é dúbio e necessita de explicação.

No sentido vulgar do termo, um tirano é um rei que governa com violência e sem consideração à justiça e às leis. No sentido preciso, um tirano é um particular que se atribui a autoridade real sem, no entanto, ter esse direito. É assim que os gregos entendiam a designação de tirano, atribuída indiferentemente aos bons e aos maus príncipes cuja autoridade não fosse legítima. De tal modo que tirano e usurpador são dois termos perfeitamente sinônimos.

Para dar diferentes nomes a coisas diferentes, chamo de tirano o usurpador da autoridade real e de déspota o usurpador do poder soberano. O tirano é aquele que se insurge contra as leis para governar segundo as leis; o déspota é aquele que se coloca acima das próprias leis. Logo, o tirano pode não ser o déspota, mas o déspota é sempre tirano.

11

Da morte do corpo político

Tal é a inclinação natural e inevitável dos governos mais bem constituídos. Se Esparta e Roma pereceram, que Estado pode esperar durar para sempre? Se queremos formar um estabelecimento durável, não busquemos, para tal, torná-lo eterno. Para lograr êxito não é preciso tentar o impossível, nem se vangloriar de dar à obra humana uma solidez que as coisas humanas não comportam.

O corpo político, assim como o corpo do homem, começa a morrer desde o nascimento e carrega em si mesmo as causas da sua destruição. Mas um e outro podem ter uma constituição mais ou menos robusta e própria para preservá-lo por mais ou menos tempo. A constituição do homem é obra da natureza; a do Estado é obra da arte. Não depende dos homens prolongar a sua vida, depende deles o prolongamento da existência do Estado tanto quanto possível, ao lhe atribuir a melhor constituição que possa ter. O Estado mais bem constituído também conhecerá um fim, todavia mais tardiamente que os outros, caso nenhum acidente imprevisto traga a sua ruína antes do tempo.

O princípio da vida política é a autoridade soberana. O poder legislativo é o coração do Estado, e o poder executivo o seu cérebro, que dá movimentos a todas as suas partes. O cérebro pode cair em paralisia e o indivíduo ainda viver. Um homem permanece imbecil e vivo; mas mal o coração cessa as suas funções, o animal morre. Não é pela lei que o Estado

Do Contrato Social

sobrevive, é pelo poder legislativo. A lei de ontem não obriga para hoje: mas o consentimento tácito é presumido do silêncio, e se supõe que o soberano confirme incessantemente as leis e que ele não as revogue, o que pode fazer. Tudo que ele haja declarado algum dia como sua vontade considera-se seguir querendo, a não ser que seja feita a revogação.

Por que então carregamos tanto respeito pelas leis antigas? É por isso mesmo. Devemos crer que somente a excelência das vontades antigas possa lhes ter conservado por tanto tempo; se o soberano não as houvesse reconhecido constantemente como salutares, as teria revogado infinitas vezes. Eis por que, longe de enfraquecer, as leis adquirem sem cessar uma força nova no Estado bem constituído; o prejulgamento da antiguidade as torna a cada dia mais veneráveis, ao passo que em todo lugar onde as leis enfraquecem com a passagem do tempo é a prova de que ali não existe mais poder legislativo, e que o Estado não vive mais.

12
Como se mantém a autoridade soberana

O soberano, não possuindo outra força além do poder legislativo, não age senão através das leis; e se as leis não carregam nada além de atos autênticos da vontade geral, o soberano só poderia agir quando o povo se reunisse em assembleia. O povo em assembleia, alguns diriam, que quimera! É uma quimera hoje, mas não o era há dois mil anos. Terão os homens mudado de natureza?

Os limites do possível, nas coisas morais, são menos estritos do que julgamos; são nossas fraquezas, nossos vícios, nossos preconceitos que os estreitam. As almas baixas não acreditam nos grandes homens: vis escravos sorriem com um ar zombador a essa palavra de liberdade.

Por aquilo que já foi feito, consideremos o que pode vir a ser feito. Não falarei das antigas repúblicas da Grécia; mas a república romana era, parece-me, um grande Estado, e a cidade de Roma uma grande cidade. O último levantamento dava a Roma quatrocentos mil cidadãos portadores de armas, e o último censo do império, mais de quatro milhões de cidadãos, sem contar os vassalos, os estrangeiros, as mulheres, as crianças e os escravos.

Quanta dificuldade não se poderia imaginar para reunir com frequência o povo imenso dessa capital e seus arredores! Entretanto, poucas eram as semanas que se passavam sem que não se reunisse o povo romano, inclusive várias vezes. Não somente exercia ele os direitos de soberania, mas também uma parte dos direitos do governo. Tratava de processos, julgava causas, e estava na praça pública quase mais frequentemente como magistrado do que como cidadão.

Regressando aos primeiros tempos das nações, veríamos que a maioria dos governos antigos, mesmo os monárquicos, tal como os dos macedônios e dos francos, tinha conselhos semelhantes. Como quer que seja, esse fato isolado incontestável responde a todas as dificuldades: o existente prova o possível, a lógica me parece boa.

13

Continuação

Não basta que o povo reunido haja uma vez fixado a constituição do Estado ao dar a sanção a um corpo de leis. Não basta que haja estabelecido um governo perpétuo, ou que tenha provido de uma vez por todas a eleição dos magistrados. Além das assembleias extraordinárias que casos imprevistos podem exigir, é preciso haver reuniões fixas e periódicas que não se possa abolir nem prorrogar, de tal forma que no dia marcado o povo esteja legitimamente convocado pela lei, sem que haja necessidade para isso de alguma outra convocação formal.

Do Contrato Social

Contudo, à exceção dessas assembleias jurídicas por força apenas de sua data, toda assembleia do povo que não haja sido convocada pelos magistrados propostos para esse efeito, e conforme as formas prescritas, deve ser considerada como ilegítima, e tudo que aí se faça tido por inválido, porque a própria ordem de o povo se congregar deve emanar da lei.

Quanto aos retornos mais ou menos frequentes das assembleias legítimas, dependem de tantas considerações que não saberíamos atribuir aqui regras precisas. Apenas pode-se dizer que, em geral, quanto mais força tenha o governo, mais o soberano deve se apresentar com frequência.

Isso, me dirão, pode ser bom para uma só cidade, mas como agir quando o Estado compreende várias? Haverá partilha da autoridade soberana? Ou, antes, seria preciso concentrá-la em uma única cidade e sujeitar todo o resto?

Respondo que não se deve fazer nem uma coisa nem outra. Primeiramente, a autoridade soberana é simples e una, e não se pode dividi-la sem destruí-la. Em segundo lugar, uma cidade, não mais do que uma nação, não pode ser legitimamente sujeita a uma outra, porque a essência do corpo político reside no acordo da obediência e da liberdade, e essas palavras, sujeito súdito e soberano, são correlações idênticas cuja ideia se reúne sob o único termo de cidadão. Respondo ainda que é sempre um mal unificar diversas cidades em uma única e que, desejando fazer essa união, nenhum povo deveria se gabar de conseguir evitar os inconvenientes naturais (porque surgirão). Não se pode objetar o abuso dos grandes Estados àquele que só quer os pequenos. Mas como atribuir aos pequenos Estados força suficiente para resistir aos grandes? Como em outros tempos as cidades gregas resistiram ao grande rei, e como mais recentemente a Holanda e a Suíça resistiram à casa da Áustria.

Não obstante, se não puderem reduzir o Estado a limites justos, resta ainda um recurso; o de não sofrer de capital, de sediar o governo alternativamente em cada cidade, e de congregar assim, de modo alternado, todos os estados do país.

Povoem igualmente o território, estendei a todos os lados os mesmos direitos, levai a todos a abundância e a vida; é assim que o Estado se tornará ao mesmo tempo o mais forte e o mais bem governado possível. Lembrai-vos que os muros das cidades não se formam senão das ruínas das casas dos campos. A cada palácio que vejo erguerem na capital, em minha mente vejo todo um país deixado em casebres ruinosos.

14

Continuação

No momento em que o povo se encontra legitimamente reunido em corpo soberano, cessa toda jurisdição do governo, o poder executivo é suspenso, e a pessoa do último cidadão é tão sagrada e inviolável quanto a do primeiro magistrado, porque onde se encontra o representado não existem mais representantes. A maioria dos tumultos que surgiram nos comícios de Roma aconteceu por ignorar ou negligenciar essa regra. Os cônsules então eram somente os presidentes do povo; os tribunos, simples oradores; e o senado nada era.

Esses intervalos de suspensão, nos quais o príncipe reconhece ou deve reconhecer um superior atual, sempre foram temíveis para ele; e essas assembleias do povo, que são a égide do corpo político e o freio do governo, foram em todas as épocas o horror dos chefes: por isso não poupam nem cuidados, nem objeções, nem dificuldades, nem promessas para desencorajar os cidadãos. Quando esses são avarentos, covardes, pusilânimes, mais amantes do descanso do que da liberdade, não duram muito contra os esforços do governo: é assim, com a força resistente aumentando continuamente, que a autoridade soberana evapora ao final e que a maioria das cidades cai e perece antes do tempo.

Mas entre a autoridade soberana e o governo arbitrário por vezes se introduz um poder médio de que se deve falar.

Do Contrato Social

15
Dos deputados ou representantes

Tão logo o serviço público cesse de ser o principal interesse dos cidadãos, e que eles passem a gostar de servir mais pelos vencimentos do que por sua pessoa, o Estado está perto de sua ruína. Necessário marchar para o combate? Pagam-se tropas e fica-se em casa. Necessário ir ao conselho? Nomeiam-se deputados e fica-se em casa. Por força de preguiça e dinheiro têm, enfim, soldados para servir a pátria e representantes para vendê-la.

É pela agitação do comércio e das artes, o ávido interesse do ganho, a indolência e o amor pelas comodidades que os serviços pessoais são trocados por dinheiro. Cede-se uma parte de seu lucro pela oportunidade de poder aumentá-lo de maneira ociosa. Deem dinheiro e em breve terão correntes. Esse termo, "finança", é um termo de escravo, ele é desconhecido na cidade. Em um país verdadeiramente livre, os cidadãos fazem tudo com os seus braços, e nada com o dinheiro. Longe de pagar para se isentar das suas obrigações, pagariam para que fossem eles mesmos a cumpri-las. Distancio-me das ideias comuns, pois acredito que os impostos sejam mais contrários à liberdade do que o trabalho.

Quanto mais bem constituído é o Estado, mais os assuntos públicos prevalecem sobre os privados no espírito dos cidadãos. Há até bem menos questões privadas porque, com a soma da felicidade comum fornecendo uma porção mais considerável à de cada indivíduo, a ele resta menos a ser buscado em cuidados particulares. Em uma cidade bem conduzida, cada um vai para as assembleias, mas sob um mau governo ninguém quer dar um passo para lá chegar, porque ninguém tem interesse no que se faz ali e preveem que a vontade geral não há de dominar, e que, enfim, os afazeres domésticos absorvem tudo. As boas leis geram leis melhores, as más dão fruto a piores. Mal alguém fale em assuntos do Estado: que importa? Deve-se dar o Estado como perdido.

A tibieza do amor à pátria, a atividade do interesse privado, a imensidão dos Estados, as conquistas e o abuso do governo fizeram imaginar a criação dos deputados ou representantes do povo nas assembleias da nação. É o que em certos países se ousa chamar de terceiro estado[10]. Assim, o interesse particular de duas ordens é colocado na primeira e na segunda fileiras, e o interesse público somente na terceira.

A soberania não pode ser representada, pela mesma razão segundo a qual não pode ser alienada; ela consiste essencialmente na vontade geral, e a vontade não se representa: ou é ela mesma, ou é outra; não existe meio-termo. Logo, os deputados do povo não são nem podem ser os seus representantes, são somente comissários; nada podem concluir de maneira definitiva. Toda lei que o povo em pessoa não haja ratificado é nula; não é, em absoluto, uma lei. O povo inglês pensa ser livre, mas muito se engana; só o é enquanto duram as eleições dos parlamentares: mal estes são eleitos, o povo é escravo, não é nada. Pelos breves momentos de sua liberdade, o uso que o povo a ela dá bem faz merecer que a perca.

A ideia dos representantes é moderna: vem a nós pelo governo feudal, esse singular e absurdo governo no qual a espécie humana é degradada e que desonra o nome do homem. Nessas antigas repúblicas, e mesmo nas monarquias, jamais o povo teve representantes; desconhecia-se essa palavra. É deveras singular que em Roma, onde os tribunos eram tão sagrados, não se tenha sequer imaginado que eles pudessem usurpar as funções do povo, e que a meio de uma tão grande vastidão jamais tenham tentado passar um único referendo sobre a sua própria autoridade. Que se julgue, contudo, o embaraço que causara tantas vezes a multidão pelo que sucedia no tempo dos Gracos, no qual uma parte dos cidadãos dava o seu sufrágio de cima dos telhados.

---

[10] Expressão que se referia ao grupo de indivíduos que não fazia parte do clero (primeiro estado), nem da nobreza (segundo estado), tais como cortesãos, burgueses e camponeses. Do terceiro estado participava a maior parte da população. (N.T.)

Do Contrato Social

Onde o direito e a liberdade são todas as coisas, os inconvenientes nada são. No povo sábio tudo estava posto à sua justa medida: ele permitia que os lictores fizessem o que os seus tribunos não ousavam; não tinham medo de que aqueles o quisessem representar.

Para explicar, entrementes, como às vezes os tribunos o representavam, basta conceber como o governo representa o soberano. A lei não sendo outra coisa senão a declaração da vontade geral, fica claro que no poder legislativo o povo não pode ser representado; mas pode e deve sê-lo no poder executivo, que é simplesmente a força aplicada à lei. Tal faz com que se veja que, ao examinar bem as coisas, constataremos que muito poucas nações têm leis. Como quer que seja, é certo que os tribunos, não tendo nenhuma parte do poder executivo, jamais puderam representar o povo romano por direito de seus encargos, mas somente usurpando-os do senado.

Entre os gregos, tudo o que o povo tinha de fazer, fazia por conta própria: reunia-se sem cessar na praça. Havia um clima suave; sem avidez, escravos faziam os seus trabalhos, a grande questão deles era a liberdade. Não tendo mais as mesmas vantagens, como conservar os mesmos direitos? Vossos climas mais rigorosos vos dão mais necessidades: por seis meses do ano a praça pública não é suportável; vossas línguas surdas não podem se fazer ouvir a céu aberto; concedei mais ao vosso ganho do que à vossa liberdade, e vós temei muito menos a escravidão do que a miséria.

Como?! A liberdade somente se mantém amparada na servidão? Quiçá. Os dois excessos se tocam. Tudo o que não está na natureza tem os seus inconvenientes, e a sociedade civil mais que todo o resto. Há posições assim infelizes em que não se pode conservar a liberdade a não ser à custa de outrem, e nas quais o cidadão não pode ser perfeitamente livre sem que um escravo seja extremamente escravizado. Tal era a posição de Esparta. Vós, povos modernos, vós não possuirdes escravos, mas o são; pagai pela liberdade daqueles com a vossa. Por mais que defendam essa preferência, eu cá considero que seja mais por covardia do que por humanidade.

Não quero de todo dizer com isso que se devesse ter escravos, tampouco que a escravatura seja legítima, dado que já provei o contrário: conto apenas as razões de por que os povos modernos que se creem livres têm representantes, e por que os povos antigos não os tinham. Seja como for, no momento em que um povo se atribui representantes, ele deixa de ser livre, essencialmente deixa de sê-lo.

Tudo devidamente examinado, não julgo que seja doravante possível ao soberano conservar entre nós o exercício de seus direitos, salvo se a cidade for bem pequena. Mas se for bem pequena, será subjugada? Não. Demonstrarei em seguida como se pode reunir o poder externo de um grande povo com a política suave e a boa ordem de um pequeno Estado.

16
Que a instituição do governo não constitui um contrato

Uma vez bem estabelecido o poder legislativo, é preciso tratar de estabelecer de igual modo o poder executivo, pois este último, que somente opera por atos particulares, não sendo da essência do outro é dele naturalmente separado. Se fosse possível que o soberano, considerado como tal, tivesse o poder executivo, o direito e o fato seriam tão confundidos que não saberíamos mais o que era lei e o que não era; e o corpo político, assim desnaturado, seria sem demora vítima da violência contra a qual ele foi instituído.

Os cidadãos são todos iguais pelo contrato social, que todos devem fazer e todos podem prescrever; entretanto, ninguém tem o direito de exigir que outro faça o que ele mesmo não faz. Ora, é precisamente esse direito, indispensável para fazer viver e mobilizar o corpo político, que o soberano dá ao príncipe ao instituir o governo.

Do Contrato Social

Vários alegaram que o ato desse estabelecimento fosse um contrato entre o povo e os chefes que ele nomeia, contrato pelo qual se estipularia entre as duas partes condições sob as quais uma se obrigava a comandar e a outra a obedecer. Havemos de concordar, estou seguro, que aí está uma estranha maneira de se fazer contrato. Mas vejamos se essa opinião se sustenta.

Primeiramente, a autoridade suprema não pode se modificar tanto quanto não se pode alienar; limitá-la equivale a destruí-la. É absurdo e contraditório que o soberano se atribua um superior; obrigar-se a obedecer a um senhor é render-se em plena liberdade.

Ademais, é evidente que esse contrato do povo com essas ou aquelas pessoas seria um ato particular; de onde decorre que esse contrato não poderia ser uma lei nem um ato de soberania e, por conseguinte, não seria legítimo.

Vê-se ainda que as partes contratantes estariam entre elas sob a única lei da natureza e sem nenhuma garantia de seus compromissos recíprocos, o que repugna de todas as maneiras ao estado civil: aquele que tiver a força nas mãos sendo sempre o senhor da execução; pouco valeria dar o nome de contrato ao ato do homem que dissesse a um outro: "Dou-lhe todos os meus bens, com a condição de que me entregue aquilo que eu desejar".

Só existe um contrato no Estado, é o da associação: este sozinho exclui todos os outros. Não seria possível imaginar nenhum contrato público que não fosse uma violação do primeiro.

17

Da instituição do governo

Sob qual ideia se deveria, então, conceber o ato pelo qual o governo é instituído? Observarei primeiro que esse ato é complexo, ou composto de dois outros, a saber: o estabelecimento da lei e a execução da lei.

Pelo primeiro, o soberano estabelece que haverá um corpo de governo sob tal ou tal forma; e é claro que esse ato é uma lei.

Pelo segundo, o povo nomeia os chefes que serão encarregados do governo estabelecido. Ora, essa nominação, sendo um ato particular, não configura uma segunda lei, mas apenas um seguimento da primeira e uma função do governo.

A dificuldade é compreender como pode haver um ato de governo antes que o governo exista, e como o povo, que ou é soberano ou sujeito, pode tornar-se príncipe ou magistrado em determinadas circunstâncias.

É aqui, ainda, que se descobre uma dessas propriedades surpreendentes do corpo político, pelas quais ele concilia operações contraditórias em aparência; pois esta se faz por uma conversão sutil da soberania em democracia, de modo que, sem nenhuma mudança sensível, e somente por uma nova relação de todos para com todos, os cidadãos, tornados magistrados, passam dos atos gerais aos atos particulares, e da lei à execução.

Essa mudança de relação não é uma sutileza de especulação sem exemplo na prática: acontece todos os dias no parlamento da Inglaterra, onde a câmara baixa, em certas ocasiões, para melhor discutir os temas, se transforma em grande comitê, e uma corte soberana rapidamente se torna assim uma simples comissão. De tal maneira que em seguida refere a si própria na qualidade de câmara dos comuns acerca do que vem regulamentar como grande comitê, e delibera uma vez mais sobre aquilo que já havia resolvido sob outro título.

Tal é a vantagem própria do governo democrático, de poder ser estabelecido de fato por um simples ato de vontade geral. Depois esse governo provisório permanece em posse, se tal for a forma adotada, ou estabelece em nome do soberano o governo prescrito pela lei; e tudo se encontra assim na regra. Não é possível instituir o governo de nenhuma outra maneira legítima e sem renunciar aos princípios previamente estabelecidos.

18

Meios de prevenir as usurpações do governo

Desses esclarecimentos resulta, em confirmação do capítulo 16, que o ato que institui o governo não é um contrato, mas uma lei; que os depositários do poder executivo não são senhores do povo, mas os seus oficiais; que o povo pode estabelecê-los e destituí-los quando quiser; que não faz sentido falar, relativamente a eles, em contratar, mas em obedecer; e que, ao se encarregar das funções que o Estado lhes impõe, fazem tão somente o cumprimento da sua obrigação de cidadãos, sem ter de modo algum o direito de disputar quanto às condições.

Quando, então, suceder que o povo institua um governo hereditário, seja monárquico em uma família, seja aristocrático em uma ordem de cidadãos, não constitui esse fato um compromisso e sim a forma provisória que o povo dá à administração, até poder ordenar doutro modo.

É verdade que essas mudanças são sempre perigosas, e que não se deve jamais tocar no governo estabelecido senão até que ele se torne incompatível com o bem público: mas essa circunstância é uma máxima política e não uma regra de direito; e o Estado não está mais obrigado a deixar a autoridade civil a seus chefes do que a autoridade militar a seus generais.

Também é verdade que não se conseguiria, em caso análogo, observar com muito cuidado todas as formalidades requeridas para distinguir um ato regular e legítimo de um tumulto revoltoso, e a vontade de todo um povo dos clamores de uma facção. É aqui, sobretudo, que não se deve dar ao caso odioso mais do que aquilo que lhe podemos recusar com todo o rigor do direito; também é dessa obrigação que o príncipe retira uma grande vantagem para conservar o seu poder apesar do povo, sem que se possa dizer que o haja usurpado; pois, não aparentando mais do que estar a exercer os seus direitos, é-lhe muito fácil alargá-los e impedir, sob pretexto da paz pública, as assembleias destinadas a restabelecer a boa ordem; de maneira que prevalece um silêncio que ele impede que se rompa, ou irregularidades que deixam ser cometidas, para se supor como a seu favor a admissão dos que o medo cala e para punir os que ousam falar. É assim que os decênviros, havendo sido eleitos inicialmente por um ano, e depois continuados por mais um, tentaram reter perpetuamente o seu poder, ao não permitir mais que o povo se reunisse em comícios, é por este meio fácil que todos os governos do mundo, uma vez revestidos da força pública, usurpam cedo ou tarde a autoridade soberana.

As assembleias periódicas, de que falei anteriormente aqui, são apropriadas para prevenir ou adiar esse infortúnio, especialmente quando não precisam de convocação formal; porque então o príncipe não saberia impedir sem se declarar abertamente infrator das leis e inimigo do Estado.

A abertura dessas assembleias, que não têm por objeto senão a manutenção do tratado social, deve sempre se fazer por duas proposições que não se podem jamais suprimir, e que passem separadamente pelos sufrágios.

A primeira: "Se o soberano deseja conservar a forma atual de governo".

A segunda: "Se o povo deseja deixar a administração aos que estão atualmente encarregados dela".

Suponho aqui aquilo que acredito ter demonstrado, isto é, que não há no Estado nenhuma lei fundamental que não se possa revogar, nem mesmo o pacto social; pois se todos os cidadãos se reunissem para romper esse pacto de comum acordo, não se poderia duvidar que não houvesse sido legitimamente rompido. Grócio, inclusive, pensa que cada um pode renunciar ao Estado de que é membro e retomar a sua liberdade natural e seus bens ao se retirar do país. Ora, seria absurdo que todos os cidadãos reunidos não pudessem o que cada um separadamente pode.

LIVRO IV

1
Que a vontade geral é indestrutível

Contanto que vários homens reunidos sejam considerados como um só corpo, esses têm uma só vontade, que se refere à conservação comum e ao bem-estar geral. Então todos os recursos do Estado são vigorosos e simples, suas máximas são claras e luminosas, sem interesses confusos e contraditórios, e o bem comum se vê por todas as partes com evidência, não exigindo mais do que bom senso para ser percebido. A paz, a união e a igualdade são inimigos das sutilezas políticas. Os homens íntegros e simples são difíceis de enganar pela sua simplicidade: os engodos, os pretextos refinados, não se impõem sobre eles, que nem são finos o suficiente para serem ludibriados. Quando vemos no povo mais feliz do mundo tropas de camponeses a regular os assuntos do Estado sob um carvalho e a se conduzir sempre com prudência, será possível nos impedir de menosprezar as finezas das outras nações, que se colocam ilustres e miseráveis com tanta arte e mistério? Um Estado assim governado necessita de bem poucas leis, e à medida que se torna necessário promulgar novas, essa necessidade se constata de maneira universal. O primeiro que as propõe apenas diz o que todos já sentiram, e não será mais questão nem de briga nem de eloquência para fazer passar em lei o que cada um já resolveu fazer, de pronto que será certo que os outros farão tal como ele.

O que engana os pensadores é que, vendo somente Estados mal constituídos desde sua origem, espantam-se da impossibilidade de aí se manter uma entidade política aparentemente funcional; riem ao imaginar todas as loucuras que um charlatão hábil e orador insinuante poderia persuadir ao povo de Paris ou de Londres. Não sabem eles que Cromwell seria subjugado a trabalho pesado pela gente de Berna, e o duque de Beaufort levado ao manicômio pelos genebrinos.

Mas quando o nó social começa a folgar e o Estado a enfraquecer, quando os interesses particulares começam a se fazer sentir e as pequenas sociedades a influir sobre a grande, o interesse comum se altera e encontra opositores; não mais reina a unanimidade nas vozes; a vontade geral não é mais a vontade de todos. Vêm à tona as contradições, os debates, e a melhor das colocações não passa mais sem disputa.

Enfim, quando o Estado, perto da sua ruína, não subsiste mais a não ser por uma forma ilusória e vã, que o elo social é rompido em todos os corações, que o mais vil interesse se serve descaradamente do nome de bem comum, aí então a vontade geral cai muda; todos, guiados por motivos secretos, não opinam como cidadãos mas como se o Estado jamais tivesse existido; e se faz passar falsamente sob o nome de leis os decretos injuriosos que não têm por objetivo outra coisa além do interesse particular.

Decorre daí que a vontade geral seja erradicada ou corrompida? Não. Ela é sempre constante, inalterável e pura. Porém, está subordinada a outras que prevalecem sobre ela. Cada um, ao desassociar o seu interesse do interesse comum, vê claramente que não se pode separá-los por completo: quando a busca do seu interesse provoca efeitos negativos sobre o bem comum, mas a sua parte no mal público não lhe parece grande coisa ao lado do bem particular exclusivo que pretende conseguir. Se posto à

DO CONTRATO SOCIAL

parte esse bem particular, ele quer o bem geral tanto quanto qualquer outro. Mesmo ao trocar o seu voto pela prata, nem aí apaga de si a vontade geral, apenas se lhe esquiva. O erro que comete é o de mudar o estado da questão e de responder outra coisa em vez do que lhe foi pedido; de modo que, em lugar de dizer, pelo voto, "Tal é vantajoso para o Estado", diz "É vantajoso para tal homem ou tal partido que essa ou aquela proposição seja aprovada". Assim, a lei da ordem pública nas assembleias não é mais tanto a de manter a vontade geral, mas de fazer que ela seja sempre interrogada e esteja sempre a responder.

Teria aqui muitas reflexões a fazer sobre o simples direito de votar em todo ato de soberania, direito que ninguém pode retirar aos cidadãos; e sobre o de opinar, propor, dividir, discutir – que o governo tenha grande cuidado de deixar somente a seus membros, mas essa importante matéria exigiria um tratado à parte, e não é possível dizer tudo neste.

2

Dos sufrágios

Vê-se, pela leitura precedente, que a maneira pela qual se tratam as questões gerais pode dar um indício bem seguro do estado atual dos costumes e da saúde do corpo político. Quanto mais impera a cooperação nas assembleias, isto é, quanto mais as posições se aproximam da unanimidade, também mais a vontade geral é dominante. Contudo, debates longos, dissenções e tumultos anunciam a ascensão dos interesses particulares e o declínio do Estado.

Tal parece menos evidente quando duas ou mais ordens entram na sua constituição, caso dos patrícios e dos plebeus em Roma, cujas contendas com frequência perturbavam os comícios, mesmo nos mais belos períodos da república; porém, essa exceção é mais aparente do que real; pois aí, pelo vício inerente do corpo político, há, por assim dizer, dois Estados em um; o que não vale para dois tomados juntos vale para cada um tomado separadamente. De fato, mesmo nos períodos mais turbulentos, os plebiscitos do povo, quando o senado não se intrometia, decorriam sempre tranquilamente e com grande pluralidade de sufrágios: tendo os cidadãos um só e mesmo interesse, o povo não tinha senão uma única vontade.

No outro extremo do círculo, a unanimidade advém quando os cidadãos, tombados na servidão, não têm mais nem liberdade nem vontade. Então o medo e a adulação transformam os sufrágios em aclamações, já não se delibera mais; ou adoram ou amaldiçoam. Assim era a maneira vil de opinar do senado no tempo dos imperadores. Por vezes isso se fazia com precauções ridículas. Tácito observa que, no tempo de Otão, quando os senadores cobriam Vitélio de execrações, criavam ao mesmo tempo um escarcéu tão terrível que, se por acaso ele viesse a se tornar senhor, não poderia sequer saber o que é que cada um deles teria dito.

Dessas diversas considerações nascem as máximas segundo as quais devemos reger a nossa maneira de contar as vozes e de comparar as opiniões, de maneira que a vontade geral seja mais ou menos fácil de conhecer e o Estado mais ou menos em declínio.

Só existe uma lei que, pela sua natureza, exige um consentimento unânime, e é o pacto social: pois toda associação civil é o ato mundano mais voluntário que há. Porque todo homem nasce livre e senhor de si, ninguém pode, sob pretexto algum, qualquer que seja, sujeitá-lo sem o seu consentimento. Decidir que o filho de uma escrava nasce escravo equivale a decidir que não nasce homem.

Se, então, no momento do pacto social alguns se opuserem, suas oposições não invalidam o contrato – apenas impedem que estes sejam abarcados. Serão estrangeiros entre cidadãos. Quando o Estado é instituído, o consentimento está na residência: habitar o território significa submeter-se à soberania.

Fora desse contrato primitivo, a voz da maioria obriga sempre a todos os outros; é uma continuação do próprio contrato. Mas perguntam

Do Contrato Social

como um homem pode ser livre e forçado a se conformar a vontades que não são suas. Como os opositores são livres e submetidos a leis às quais não consentiram? Respondo que a questão está mal colocada. O cidadão consente a todas as leis, mesmo às passadas a despeito dele, até mesmo às que o penalizam quando ele ousa violar alguma delas. A vontade constante de todos os membros do Estado é a vontade geral: é por ela que são cidadãos e livres. Quando se propõe uma lei ao conjunto do povo, o que se requisita não é necessariamente se aprovam ou rejeitam a proposição, mas se ela está ou não conforme a vontade geral, que é a do povo: cada um, ao dar o seu voto, expressa sobre ela a sua posição, e do cálculo das vozes se tira a declaração da vontade geral. Quando, então, a posição contrária à minha prevalece, isso apenas prova que eu me enganei, e que aquilo que estimei ser a vontade geral não o era. Se a minha posição particular houvesse prevalecido, eu teria feito algo que não desejava; é aí que eu não teria sido livre.

Isso supõe, é verdade, que todos os caracteres da vontade geral ainda estão na pluralidade. Quando deixam de estar, qualquer que seja o partido que se tome, não há mais liberdade.

Ao demonstrar até aqui como substituíam as vontades particulares no lugar da vontade geral nas deliberações públicas, indiquei de maneira suficiente os meios praticáveis para prevenir esse abuso; e disso, adiante, ainda falarei mais. A respeito do número proporcional dos sufrágios para declarar essa vontade, também já dei os princípios sobre os quais se pode determiná-lo. A diferença de uma única voz rompe a igualdade; um só opositor rompe a unanimidade: mas entre a unanimidade e a igualdade há várias partilhas desiguais, em que a cada uma se pode fixar esse número conforme o estado e as necessidades do corpo político.

Duas máximas gerais podem servir a reger essas relações. Primeira: quanto mais forem importantes e graves as deliberações, mais a posição dominante deve se aproximar da unanimidade. Segunda: quanto mais a questão lançada exigir celeridade, mais se deve restringir a diferença prescrita na partilha das opiniões: nas deliberações necessárias de uma conclusão urgente, a diferença de um só voto deve bastar. A primeira dessas máximas parece mais conveniente às leis, e a segunda aos processos e negócios. De todos os modos, é sobre a combinação deles que se estabelecem as melhores relações que se podem dar à pluralidade para se pronunciar.

3
Das eleições

Relativamente às eleições do príncipe e dos magistrados, que são, como disse, atos complexos, existem duas vias possíveis de proceder, a saber, a escolha e o sorteio. Uma e outra foram empregadas em diversas repúblicas, e vê-se ainda atualmente uma mistura muito complicada das duas na eleição do doge de Veneza.

"O sufrágio por sorteio", diz Montesquieu, "é da natureza da democracia." De acordo, mas como exatamente? "O sorteio", continua o autor, "é uma maneira de eleger que não aflige ninguém: deixa a cada cidadão uma esperança razoável de servir à pátria." Mas essas não são razões suficientes.

Se atentássemos a que a eleição dos chefes é uma função do governo, e não da soberania, veríamos por que a via do sorteio é mais da natureza da democracia, em que a administração é melhor na medida em que os atos sejam em menor número.

Em toda verdadeira democracia, a magistratura não é uma vantagem, mas uma sobrecarga onerosa que não se pode impor justamente a um particular mais do que a um outro. Somente a lei pode impor esse fardo àquele sobre quem a sorte há de recair. Pois se a condição for igual para todos e a escolha não depender de nenhuma vontade humana, não há aplicação particular que altere a universalidade da lei. Na aristocracia, o príncipe escolhe o príncipe, o governo se conserva por si próprio, e é aí que os sufrágios são bem colocados. O exemplo da eleição do doge de Veneza confirma essa distinção, nem de longe a destrói: essa forma combinada convém em um governo misto. Pois é um erro tomar o governo de Veneza por uma verdadeira aristocracia. Se o povo não tiver nenhuma parte no governo, a nobreza faz de povo ela mesma. Uma profusão de pobres barnabés jamais se aproximou de magistratura alguma, da sua nobreza não tem senão o título vão de excelência e o direito de assistir ao grande conselho. Esse grande conselho, sendo tão numeroso quanto nosso conselho geral em Genebra, os seus ilustres membros não têm mais privilégios do que os nossos simples cidadãos. É certo que pondo de lado a extrema disparidade das duas repúblicas, a burguesia de Genebra representa exatamente o patriciado veneziano; nossos nativos e habitantes representam os citadinos e o povo de Veneza; nossos camponeses representam os sujeitos de terra firme: enfim, de qualquer maneira que se considere essa república, abstração feita da sua grandeza, o seu governo não é mais aristocrático que o nosso. Toda diferença reside em que, não havendo nenhum chefe vitalício, não temos a mesma necessidade de sorteio.

As eleições por sorteio teriam poucos inconvenientes numa verdadeira democracia em que, sendo tudo igual tanto pelos costumes e talentos quanto pelas máximas e pela fortuna, a escolha se tornaria quase indiferente.

Já disse, contudo, que não existe nenhuma democracia verdadeira. Quando a escolha e o sorteio se encontram combinados, a primeira deve preencher os lugares que exigem talentos próprios, como os empregos militares: o outro convém àqueles onde basta o bom senso, a justiça, a integridade, como os cargos de judicatura, porque em um Estado bem constituído essas qualidades são comuns a todos os cidadãos.

O sorteio e os sufrágios não têm nenhuma vez no governo monárquico. O monarca, por ser pelo direito o único príncipe e magistrado, a escolha de seus oficiais só a ele pertence. Quando o abade de Saint-Pierre propunha multiplicar os conselhos do rei da França e eleger os membros por escrutínio, não se dava conta de que propunha mudar a própria forma do governo.

A mim restaria falar da maneira de dar e de recolher as vozes na assembleia do povo; mas talvez o histórico do sistema político romano nesse aspecto pudesse explicar mais sensivelmente todas as máximas que eu poderia estabelecer. Não é indigno de um leitor judicioso ver um pouco em detalhe como se tratavam os negócios públicos e particulares em um conselho de duzentos mil homens.

4

Dos comícios romanos

Não temos registros bem consolidados dos primeiros tempos de Roma; crê-se mesmo que a maior parte das coisas que foram passadas sejam fábulas e, em geral, a parte mais instrutiva dos anais dos povos, que é a história do seu estabelecimento, é a que nos faz mais falta. A experiência nos ensina todos os dias de que causas nascem as revoluções dos impérios; mas, como não se formam mais povos, não temos mais do que conjunturas para explicar como foram formados.

Os usos que se encontram estabelecidos pelo menos atestam que houve uma origem a esses usos. Tradições que remontam a essas origens, que têm suporte das maiores autoridades e que as mais fortes razões confirmam, devem passar como as mais seguras. Eis as máximas que tratei de seguir ao pesquisar como o mais livre e mais poderoso povo da terra exercia seu poder supremo.

Depois da fundação de Roma, a república nascente, isto é, o exército do fundador, composto de albanos, sabinos e estrangeiros, foi dividido em três classes que, dessa divisão, receberam o nome de tribos. Cada uma dessas tribos foi subdividida em dez cúrias, e cada cúria em decúrias, à frente das quais puseram chefes chamados de curiões e decuriões.

Para além disso, retirou-se de cada tribo um corpo de cem cavaleiros ou cavalheiros, chamado de centúria, por onde se vê que essas divisões, pouco necessárias em um burgo, eram antes de tudo militares. Todavia parece que um instinto de grandeza levava a pequena cidade de Roma a se dar de pronto uma estrutura política conveniente à capital do mundo.

Do Contrato Social

Dessa primeira partilha resultou logo um inconveniente; que a tribo dos albanos e a dos sabinos permaneciam no mesmo estado, enquanto a dos estrangeiros crescia sem cessar pela contínua afluência destes. O remédio que Sérvio encontrou para esse perigoso abuso foi modificar a divisão, e substituir a das raças – que aboliu – por outra, tirada dos lugares da cidade ocupados por cada tribo. Em vez de três tribos, fez quatro, cada uma ocupando uma das colinas de Roma e levando o seu respectivo nome. Assim, remediando a desigualdade presente, preveniu-a ainda para o futuro; e a fim de que essa divisão não fosse apenas de localidades, mas de homens, proibiu aos habitantes de uma zona passar para outra, e isso impediu que as raças se confundissem.

Também dobrou de tamanho as três antigas centúrias de cavalaria e acrescentou outras doze, mas sempre sob os antigos nomes; meio simples e judicioso pelo qual se conseguiu distinguir o corpo dos cavaleiros daquele do povo, sem fazer este último manifestar queixa.

A essas quatro tribos urbanas, Sérvio adicionou quinze outras, chamadas de rústicas porque formadas de habitantes do campo, divididas por esses tantos cantões. No que se seguiu foram criadas outras tantas novas tribos; e o povo romano se encontrou por fim dividido em trinta e cinco tribos, número que restou fixo até o fim da república.

Dessa distinção das tribos da cidade e das tribos do campo resultou um efeito digno de se observar, por não haver outro exemplo; e Roma lhe deveu ao mesmo tempo a conservação dos costumes e o crescimento de seu império. Seria de acreditar que as tribos urbanas logo se arrogassem o poder e as honras, e não demorassem a aviltar as tribos rústicas: precisamente o contrário se passou. É sabido o gosto dos primeiros romanos pela vida campestre. Esse gosto lhes vinha do sábio instituidor que uniu à liberdade os trabalhos rústicos e militares, e relegou, por assim dizer, à cidade as artes, os ofícios, a intriga, a fortuna e a escravidão.

Assim, como todos que Roma tinha de ilustres viviam no campo e cultivavam a terra, acostumaram-se eles a buscar somente ali aqueles que podiam levar os suportes da república. Esse estado, que era o dos mais dignos patrícios, foi honrado por todos; a vida simples e laboriosa dos aldeões foi preferida em lugar da vida ociosa e folgada dos burgueses de Roma; e alguém que na cidade não passasse de um proletário infeliz se tornava um cidadão respeitado quando ia laborar o campo.

Não é sem motivo, dizia Varrão, que nossos magnânimos ancestrais estabeleceram na aldeia o berçário desses homens bravos e robustos que os defendiam em tempos de guerra e os alimentavam em tempos de paz. Plínio diz positivamente que as tribos dos campos eram honradas em função dos homens que as compunham; ao passo que se transferia por ignomínia às da cidade os frouxos a que se queria aviltar. O sabino Ápio Cláudio, ao vir se estabelecer em Roma, foi coberto de honrarias e inscrito em uma tribo rústica, que em consequência tomou o nome de sua família. Enfim, todos os libertos entravam nas tribos urbanas, jamais nas rurais; e não havia, durante a república, um só exemplo de algum liberto elevado a alguma magistratura, mesmo se advindo cidadão. Essa máxima era excelente, contudo foi empurrada tão longe que gerou por fim uma mudança, e certamente um abuso na estrutura política.

Em primeiro lugar, os censores, depois de se arrogar por muito tempo o direito de transferir arbitrariamente os cidadãos de uma tribo a outra, permitiram à maioria inscrever-se naquela que quisesse, permissão que seguramente não era boa para nada, e retirava um dos grandes recursos da censura. Ademais, como os grandes e poderosos inscreviam-se todos nas tribos do campo, e os libertos tornados cidadãos permaneciam com a população nas da cidade, as tribos, em geral, não tinham mais nem lugar nem território, mas todas se encontravam misturadas a tal ponto que não se podia mais discernir os membros de cada uma senão pelos registros, de modo que a ideia do termo tribo passou assim do real ao pessoal, ou, antes, tornou-se quase uma quimera.

Sucedeu ainda que as tribos da cidade, estando mais bem situadas, eram frequentemente as mais fortes nos comícios, e vendiam o Estado aos que se dispunham a comprar os sufrágios dos canalhas que os compunham.

Do Contrato Social

Quanto às cúrias, o instituidor, havendo feito dez em cada tribo, todo o povo romano – então fechado nos muros da cidade – se encontrava composto de trinta cúrias, em que cada uma tinha os seus templos, seus deuses, seus oficiais, seus sacerdotes e suas festas, chamadas de compitálias, semelhantes às paganálias que mais tarde tiveram as tribos rústicas. Na nova divisão de Sérvio, nesse número de trinta, não podendo ser repartido igualmente nessas quatro tribos, ele não quis mexer; e as cúrias, independentes das tribos, tornaram-se uma outra divisão dos habitantes de Roma; mas as cúrias não tiveram nenhum peso, nem nas tribos rústicas nem no povo que as compunha, porque as tribos haviam se tornado um estabelecimento puramente civil; e havendo sido introduzido um outro sistema para o recrutamento das tropas, as divisões militares de Rômulo se encontravam supérfluas. Assim, mesmo que todo cidadão estivesse inscrito numa tribo, era muito difícil que cada um estivesse numa cúria. Sérvio ainda fez uma terceira divisão, sem nenhuma relação com as duas precedentes, e tornou-se, por seus efeitos, a mais importante de todas. Ele distribuiu todo o povo romano em seis classes, que não distinguiu nem pelo lugar nem pelos homens, mas por bens; de maneira que as primeiras classes estavam preenchidas pelos ricos, as últimas pelos pobres, e as médias por aqueles de fortuna mediana. Essas seis classes estavam subdivididas em 193 outros corpos, chamados de centúrias; e esses corpos estavam distribuídos de tal forma que a primeira classe abarcava, sozinha, mais da metade, e a última formava apenas um. Daí resultou que a classe menos numerosa em homens era a mais numerosa em centúrias, e que a última classe inteira não se contava senão como subdivisão, ainda que ela contivesse sozinha mais da metade dos habitantes de Roma.

A fim de que o povo compreendesse menos as consequências dessa última forma, Sérvio tratou de lhe dar um ar militar: inseriu na segunda classe duas centúrias de armeiros, e dois instrumentos de guerra na quarta: em cada classe, à exceção da última, distinguiu os jovens e os velhos; isto é, os que estavam obrigados a portar as armas e os que estavam isentos disso pelas leis; distinção que, mais ainda que a dos bens, produziu a necessidade de recomeçar muitas vezes o censo ou contagem; por fim, quis que a assembleia se desse no campo de Marte, e que todos aqueles que estivessem em idade de servir comparecessem com suas armas.

A razão pela qual não seguiu na última classe essa mesma divisão dos jovens e velhos é porque não se acordava de todo à população da qual ela se compunha a honra de portar as armas pela pátria; era necessário ter um lar para obter o direito de defendê-lo: e dessas inumeráveis tropas de indigentes das quais brilham hoje os exércitos dos reis, talvez não haja um sequer que não teria sido afastado com desdém de uma legião romana, quando os soldados eram defensores da liberdade. Portanto, distinguiam-se ainda, na última classe, os proletários daqueles que eram chamados de *capite censi*. Os primeiros, não exatamente reduzidos a nada, pelo menos davam cidadãos ao Estado, por vezes até soldados, quando de necessidades urgentes. Esses que nada tinham, e que não se contavam senão pelas cabeças, eram vistos como nulos, e Mário foi o primeiro que se dignou a alistá-los.

Sem decidir se essa terceira contagem era boa ou má em si, creio poder afirmar que havia apenas os costumes simples dos primeiros romanos, o desinteresse deles, o gosto pela agricultura, o desprezo pelo comércio e pelo ardor do ganho, que podiam fazer dele algo praticável. Onde está o povo moderno no seio do qual a avidez devoradora, o espírito inquieto, a intriga, as deslocações contínuas e as perpétuas revoluções das fortunas podiam deixar durar vinte anos um estabelecimento assim sem abalar todo o Estado?

É preciso notar bem que os costumes e a censura, mais fortes que essa instituição, corrigiram o vício em Roma, e que um certo rico se viu relegado à classe dos pobres por ter ostentado demasiado a sua riqueza.

De tudo isso, pode-se compreender com facilidade por que ele faz menção de praticamente apenas cinco classes, mesmo que haja existido seis, na verdade. A sexta, ao não fornecer nem soldados ao exército nem

Do Contrato Social

eleitores ao campo de Marte, e não sendo de quase nenhuma utilidade na república, era raramente contada para o que quer que fosse. Tais foram as diferentes divisões do povo romano. Vejamos agora o efeito que produziram nas assembleias. Essas assembleias, convocadas de maneira legítima, chamavam-se comícios: eram realizadas normalmente na praça de Roma ou no campo de Marte, e se distinguiam em comícios por cúrias, comícios por centúrias e comícios por tribos, conforme a qual dessas três formas elas se ordenassem. Os comícios por cúrias eram a instituição de Rômulo; esses por centúrias eram de Sérvio; os por tribos eram dos tribunos do povo. Nenhuma lei recebia a sanção e nenhum magistrado era eleito a não ser nos comícios. E como não havia nenhum cidadão que não fosse inscrito numa cúria, numa centúria ou numa tribo, resulta então que nenhum cidadão era excluído do direito de sufrágio, e que o povo romano era verdadeiramente soberano de direito e de fato.

Para que os comícios fossem legitimamente organizados e que os que ali se apresentassem tivessem força de lei, eram necessárias três condições: a primeira, que o corpo ou o magistrado que os convocara estivesse revestido para tal da autoridade necessária; a segunda, que a assembleia se realizasse em um dos dias permitidos pela lei; a terceira, que os augúrios fossem favoráveis.

A razão do primeiro regulamento não precisa ser explicada; o segundo é uma questão de política: assim não era permitido realizar comícios nos feriados e dias de mercado, quando as pessoas do campo, vindas a Roma para os seus negócios, não tinham o tempo para passar o dia na praça pública. Quanto ao terceiro, o senado mantinha sob rédea curta um povo orgulhoso e agitado, e assim moderava o ardor dos tribunos sediciosos; mas estes encontravam mais de uma maneira de livrar-se desse estorvo.

As leis e a eleição dos chefes não eram os únicos pontos submetidos ao julgamento dos comícios – havendo o povo romano usurpado as funções mais importantes do governo, pode-se dizer que a sorte da Europa era decidida nessas assembleias. Essa variedade de objetos dava lugar às diversas formas que tomavam essas assembleias, conforme as matérias sobre as quais tinha de se pronunciar.

Para julgar essas diversas formas, bastava compará-las. Rômulo, ao instituir as cúrias, tinha em mente conter o senado pelo povo e o povo pelo senado, dominando igualmente sobre todos. Deu então ao povo, dessa forma, toda a autoridade do número para equilibrar a do poder e das riquezas que deixava aos patrícios. Mas, segundo o espírito da monarquia, permitiu, entretanto, mais vantagens aos patrícios, pela influência de seus clientes sobre a pluralidade dos sufrágios. Essa admirável instituição dos patrões e dos clientes foi uma obra-prima de política e de humanidade sem a qual o patriciado, tão contrário ao espírito da república, não poderia ter subsistido. Somente Roma teve a honra de dar ao mundo um tão belo exemplo, o qual jamais resultou em abuso, e que, não obstante, jamais foi seguido.

Havendo essa mesma forma das cúrias subsistido sob os reis até o tempo de Sérvio, e o reino do último Tarquínio não sido aceito como legítimo, isso fez com que se distinguissem geralmente as leis reais pelo nome de *leges curiatae*.

Sob a república, as cúrias, sempre limitadas às quatro tribos urbanas e não contendo mais do que a população de Roma, não podiam convir nem ao senado, que estava à frente dos patrícios, nem às tribunas, que, embora plebeias, estavam à frente dos cidadãos abastados. Caíam, assim, no descrédito; a sua degradação foi tal que os seus trinta lictores reunidos faziam aquilo que os comícios por cúrias deveriam ter feito.

A divisão por centúrias era tão favorável à aristocracia que não vemos inicialmente como o senado não prevalecia sempre nos comícios que levavam esse nome, e pelos quais eram eleitos os cônsules, os censores e os outros magistrados curuis[11]. De fato, dessas 193 centúrias que formavam

---

[11] A palavra curuis refere-se a curul, nome de uma cadeira de marfim em que só determinados magistrados romanos podiam sentar-se. (N.T.)

Do Contrato Social

as seis classes de todo o povo romano, a primeira classe compreendia 98, e como as vozes só eram contadas por centúrias, essa primeira classe sozinha prevalecia, pelo número de vozes, sobre todas as outras. Quando todas essas centúrias estavam de acordo, nem sequer se continuava a recolher os sufrágios; o que o menor número tivesse decidido passava por decisão da multidão; e pode-se dizer que nos comícios por centúrias os processos eram decididos pela fartura de escudos[12] bem mais do que pelas vozes. Mas essa extrema autoridade se moderava por dois meios: primeiro, que normalmente os tribunos e um grande número de plebeus pertenciam à classe dos ricos, e equilibravam o crédito dos patrícios nessa primeira classe.

O segundo meio consistia em fazer com que, em vez de primeiro votarem as centúrias segundo a sua ordem, o que sempre faria começar pela primeira, tirava-se uma à sorte, e essa procedia sozinha à eleição; após isso todas as centúrias, chamadas em outro dia segundo a sua posição, repetiam a mesma eleição, e normalmente confirmavam-na. Retirava-se assim da posição a autoridade do exemplo[13] e se lhe atribuía ao sorteio, conforme o princípio democrático.

Resultava ainda dessa prática uma outra vantagem, a de que os cidadãos do campo tinham tempo, entre as duas eleições, de se informar do mérito do candidato provisionalmente nomeado, a fim de dar as suas vozes somente com conhecimento de causa. Porém, sob pretexto de celeridade, terminou-se por abolir essa prática, e as duas eleições passaram a ser feitas no mesmo dia.

Os comícios por tribos eram propriamente o conselho do povo romano. Eram convocados somente pelos tribunos, que aí eram eleitos e aí passavam os seus plebiscitos. Não somente o senado era desprovido de posição, mas nem sequer tinha direito a assistir; e, forçados a obedecer a

---

[12] Por "escudos" entenda-se "dinheiro". (N.T.)

[13] Rousseau refere-se à influência dos que votavam primeiro. (N.T.)

leis sobre as quais nem puderam votar, os senadores eram, nesse aspecto, menos livres que os últimos cidadãos. Essa injustiça era completamente mal compreendida, e sozinha bastava para invalidar os decretos de um corpo onde todos os seus membros não estivessem admitidos. Se todos os patrícios houvessem assistido a esses comícios, segundo o direito que possuíam como cidadãos, teria sido como simples particulares, e assim não contariam com muita influência numa forma de sufrágio que fosse contabilizado por cabeça, e no qual o mais baixo dos proletários teria tanto poder quanto o príncipe do senado.

Vê-se, então, que para além da ordem que resultava dessas diversas distribuições pela recolha dos sufrágios de um povo tão grande, essas distribuições não se reduziam a formas indiferentes em si, mas que cada uma tinha efeitos relativos aos objetivos que faziam dela a preferida.

Sem entrar aqui em mais detalhes, resulta dos esclarecimentos precedentes que os comícios por tribos eram mais favoráveis ao governo popular, e os comícios por centúrias, à aristocracia. No que dizia respeito aos comícios por cúrias, nos quais o populacho de Roma formava sozinho a pluralidade, como serviam apenas para favorecer a tirania e os maus desígnios, terminaram por cair em descrédito, com os próprios sediciosos a se abster de um meio que revelava em demasia os seus projetos. É certo que toda a majestade do povo romano se encontrava apenas no comício por centúrias, os únicos de fato completos; ao passo que nos comícios por cúrias faltavam as tribos do campo e, nos comícios por tribos, o senado e os patrícios. Quanto à maneira de recolher os sufrágios, esta era, entre os primeiros romanos, tão simples quanto os seus costumes, ainda que menos simples do que em Esparta. Cada um dava o seu sufrágio em voz alta, um escrivão o anotava em conformidade: a pluralidade de vozes em cada tribo determinava o sufrágio da tribo; a pluralidade das vozes entre as tribos determinava o sufrágio do povo; e assim também sucedia para cúrias e centúrias. Esse costume era bom enquanto a honestidade reinasse entre os cidadãos, e que cada

Do Contrato Social

um tivesse vergonha de dar publicamente o seu sufrágio a uma opinião injusta ou a um sujeito indigno; todavia, quando o povo se corrompia e as vozes podiam ser compradas, convinha que elas se dessem em segredo para conter os compradores pela desconfiança e fornecer aos desleais uma maneira de não se tornarem traidores.

Sei que Cícero culpabilizava essa mudança e lhe atribuía em parte a ruína da república. Mas, e embora sinta aqui o peso que deve ter a autoridade de Cícero, não posso partilhar da sua opinião: penso que, pelo contrário, por não ter feito uma quantidade suficiente de mudanças semelhantes é que se acelerou a perda do Estado. Como o regime das pessoas sãs não é apropriado aos enfermos, não se deve querer governar um povo corrompido com as mesmas leis que convêm a um bom povo. Nada prova melhor essa máxima do que a duração da república de Veneza, cujo simulacro ainda existe unicamente porque suas leis somente convêm a homens maldosos.

Distribuíram-se então aos cidadãos tábulas pelas quais cada um podia votar sem que se soubesse qual era a sua opinião: estabeleceram-se também novas formalidades para a recolha das tábulas, a contagem das vozes, a comparação dos números, etc.; o que não impediu que se suspeitasse da fidelidade dos oficiais encarregados dessas funções. Fizeram, enfim, éditos para impedir a disputa e o tráfico de sufrágios, decretos esses cuja vastidão é prova da própria inutilidade.

Próximo dos últimos tempos estavam muitas vezes obrigados a recorrer a expedientes extraordinários para complementar a insuficiência das leis: ora supunham prodígios; mas esse meio, que podia ser imposto ao povo, não era imposto aos que o governavam: ora convocavam bruscamente uma assembleia antes que os candidatos tivessem tido o tempo de realizar as suas disputas; ora consumiam toda uma sessão a falar quando viam o povo já convencido e pronto a tomar o que consideravam um mau partido. Mas, enfim, a ambição escapou a tudo; e o que há de inacreditável é que no meio de tanto abuso, esse povo imenso, a favor dos seus antigos regulamentos, não deixava de eleger os magistrados, de passar as leis, quase com tanta facilidade quanto podia fazer o próprio senado.

5

Do tribunato

Quando não se pode estabelecer uma proporção exata entre as partes constitutivas do Estado, ou que causas indestrutíveis alterem sem cessar as relações entre elas, então institui-se uma magistratura particular que não faz, de todo, corpo com os outros, que substitui cada termo em sua verdadeira relação, e que faz uma ligação ou um meio-termo, seja entre o príncipe e o povo, seja entre o príncipe e o soberano, seja ao mesmo tempo dos dois lados, se necessário.

Esse corpo, que chamarei de tribunato, é o conservador das leis e do poder legislativo. Serve, por vezes, para proteger o soberano contra o governo, como faziam em Roma os tribunos do povo; e por vezes a dar apoio ao governo contra o povo, como faz atualmente em Veneza o Conselho dos Dez; e por vezes para manter o equilíbrio de uma e outra parte, como faziam os éforos em Esparta.

O tribunato não é uma parte constitutiva da cidade e não deve ter nenhuma porção do poder legislativo nem do executivo: mas é nisso mesmo que o seu poder é o maior de todos: pois se nada pode fazer, a tudo pode impedir. É mais sagrado e mais reverenciado, como defensor das leis, do que o príncipe que as executa e do que o soberano que as atribui. É o que se viu muito claramente em Roma, quando esses altivos patrícios, que sempre desprezaram todo o povo, foram forçados a se curvar diante de um simples oficial do povo, que não tinha nem auspícios nem jurisdição. O tribunato, sabiamente moderado, é o apoio mais firme de uma boa constituição; porém, por pouca força que tenha a mais, a tudo reverte: no que diz respeito à fraqueza, ela não é da sua natureza; e dotado que ele seja de alguma coisa, nunca é menos do que deve.

Do Contrato Social

O tribunato se degenera em tirania quando usurpa o poder executivo, do qual não é mais do que o moderador, e quando quer dispensar leis, que deve apenas proteger. O poder enorme dos éforos, que não ofereceu perigo enquanto Esparta conservou os seus costumes, veio acelerar a corrupção que se havia iniciado. O sangue de Ágis, degolado por esses tiranos, foi vingado por seu sucessor: o crime e o castigo dos éforos apressaram igualmente a perda da república; e, depois de Cleômenes, Esparta nunca mais foi nada. Roma apodrece pela mesma via; e o poder excessivo dos tribunos, usurpado por decreto, serve enfim, com a ajuda das leis feitas pela liberdade, à salvaguarda dos imperadores que a destroem. Quanto ao Conselho dos Dez, em Veneza, trata-se de um tribunal de sangue, horrível igualmente aos patrícios e ao povo, e que, longe de proteger altamente as leis, não serve mais, após a sua degradação, a outra coisa senão a desferir nas trevas golpes que não se ousa perceber.

O tribunato torna-se enfraquecido, como o governo, pela multiplicação de seus membros. Quando os tribunos do povo romano, inicialmente em número de dois, depois cinco, quiseram dobrar essa quantidade, o senado os deixou proceder, bem seguro de conter esses por aqueles, o que de fato aconteceu. O melhor meio de prevenir usurpações de um tão formidável corpo, meio esse que nenhum governo tentou até aqui, seria não tornando esse corpo permanente, mas regulamentando os intervalos durante os quais ele ficaria suprimido. Esses intervalos, que não devem ser tão grandes a ponto de deixar aos abusos o tempo de se firmarem, podem ser fixados pela lei, de maneira que seja fácil encurtá-los, quando necessário, por comissões extraordinárias.

Esse meio me parece sem inconveniente, pois, como já disse, o tribunato, não fazendo em absoluto parte da constituição, pode ser ousado sem que ela sofra; e me parece eficaz, pois um magistrado que acaba de ser restabelecido não parte do poder que tinha o seu predecessor, mas daquele que a lei lhe atribui.

6

Da ditadura

A inflexibilidade das leis, que as impede de dobrar-se aos eventos, pode, em alguns casos, torná-las perniciosas e causar a perda do Estado em crise. A ordem e a lentidão das formas requerem um espaço de tempo que as circunstâncias por vezes recusam. Podem se apresentar mil casos que o legislador não haja previsto, e é uma previsão muito necessária sentir que não se pode prever tudo.

Não se deve, portanto, querer afirmar as instituições políticas até o ponto de se retirar o poder de suspender os seus efeitos. A própria Esparta deixou suas leis dormir. Contudo, somente os maiores perigos podem equilibrar o da alteração da ordem pública, e somente se deve deter o poder sagrado das leis quando se tratar de salvação da pátria. Nesses casos raros e manifestos providencia-se a segurança pública por um ato particular que a remete ao encargo do mais digno. Essa comissão pode se dar de duas maneiras, conforme o tipo de perigo.

Se, para remediar a isso, basta aumentar a atividade do governo, concentra-se esta em um ou dois de seus membros: assim não é a autoridade das leis que se altera, mas somente a forma da sua administração. Se o perigo for tal que o aparelho das leis seja um obstáculo para garanti-las, então nomeia-se um chefe supremo, que faça calar todas as leis e suspenda por um momento a autoridade soberana. Em um caso desses, a vontade geral não é questionável, e é evidente que a primeira intenção do povo é que o Estado não pereça. Dessa maneira, a suspensão da autoridade legislativa não vem aboli-la: o magistrado que a calou não pode fazê-la falar. Ele a domina sem poder representá-la. Pode fazer tudo, exceto leis.

O primeiro meio era empregado pelo senado romano quando encarregava os cônsules por uma fórmula consagrada de prover à salvação da república. O segundo tinha lugar quando um dos cônsules nomeava um ditador, prática que Alba deu de exemplo a Roma.

Do Contrato Social

Nos inícios da república, fez-se frequentemente recurso à ditadura, porque o Estado não tinha ainda uma base firme o bastante para poder se sustentar somente pela força da sua constituição.

Com os costumes tornando então supérfluas muitas das precauções que haviam sido necessárias em outros tempos, não se temia nem que um ditador abusasse de sua autoridade nem que tentasse guardá-la para além de seu termo. Parecia, ao contrário, que se um grande poder recaísse sobre aquele a quem era incumbido, este se apressava em se desfazer de tal poder, como se se tratasse de um posto deveras penoso e perigoso o de tomar o lugar das leis.

Assim, não é o perigo do abuso, mas o da degradação que me faz culpabilizar a prática indiscreta dessa suprema magistratura nos primeiros tempos; pois enquanto se serviam fartamente dela em eleições, dedicatórias, coisas de pura formalidade, era preocupante que se tornasse algo menos temível à necessidade, e que se acostumassem a ver como um título vão que se empregasse só em cerimônias vãs.

Próximo do fim da república, os romanos, tornados mais circunspectos, geriram a ditadura com a mesma escassa razão com que a haviam esbanjado outrora. Era fácil constatar que seu medo era mal fundado, que a fraqueza da capital fazia, então, a sua segurança contra os magistrados que havia em seu seio; que um ditador podia, em certos casos, defender a liberdade pública sem jamais poder atentar contra ela, e que as correntes de Roma não seriam forjadas na própria Roma, mas nos seus exércitos. A pouca resistência que Mário ofereceu a Sila, e Pompeu a César, mostrou bem o que se podia esperar da autoridade de dentro contra a força de fora.

Esse erro lhes fez cometer grandes faltas; tal como foi, por exemplo, a de não haver nomeado um ditador no caso Catilina: pois, como se tratava apenas do que era de dentro da cidade e, quando muito, de alguma província da Itália, com a autoridade sem restrições que as leis davam ao ditador, foi facilmente dissipada a conjuração, que só acabou sufocada por uma conjuntura de felizes acasos com os quais a prudência humana jamais deveria contar.

Entretanto, o senado se contentou em remeter todo o seu poder aos cônsules, do que sucede que Cícero, para agir de maneira eficaz, foi obrigado a passar esse poder em um ponto capital e que, se os primeiros transportes de alegria aprovaram a sua conduta, foi com justiça que, em seguida, se lhe pediu conta do sangue derramado dos cidadãos contra as leis, crítica que não se poderia ter feito a um ditador. Mas a eloquência do cônsul acarretou tudo; e ele próprio, embora romano, amando mais a sua glória do que a sua pátria, não buscava tanto o meio mais legítimo e o mais seguro de salvar o Estado do que o de ter toda a honra desse caso. Também assim ele foi honrado justamente como libertador de Roma e justamente punido como infrator das leis. Por brilhante que haja sido a sua advertência, é certo que foi uma graça.

De resto, qualquer que seja a maneira como essa importante comissão seja conferida, é importante fixar a sua duração a um termo bastante curto, que nunca possa ser prolongado. Nas crises que a fazem se estabelecer, o Estado é logo destruído ou salvo; e, passada a necessidade urgente, a ditadura torna-se tirânica ou vã. Em Roma, os ditadores não o eram por mais do que seis meses; a maioria abdicava antes desse termo. Se o termo fosse mais longo, talvez ainda tivessem tentado prolongá-lo, como fizeram os decênviros com o de um ano. O ditador apenas tinha o tempo de prover à necessidade que havia levado à sua eleição: não o tinha para sondar outros projetos.

7

Da censura

Tal como a declaração da vontade geral se faz pela lei, a declaração do juízo público se faz pela censura. A opinião pública é o tipo de lei da qual o censor é o ministro, e apenas aplica aos casos particulares, a exemplo do príncipe.

Longe, portanto, de o tribunal censório ser árbitro da opinião do povo, ele é somente o seu declarador e, mal se afaste dela, suas decisões são vãs e sem efeito.

É inútil distinguir os costumes de uma nação dos objetos de sua estima; pois tudo isso segue o mesmo princípio e se confunde necessariamente. Em todos os povos do mundo não é a opinião, mas a natureza que decide a escolha dos seus prazeres. Endireitem as opiniões dos homens, e os seus costumes se depurarão por conta própria. Ama-se sempre o que é belo ou o que assim consideramos; porém, é sobre este juízo que nos enganamos: é, portanto, a este juízo que se deve tratar de regularizar.

Quem julga os costumes julga a honra; e quem julga a honra toma a sua lei da opinião.

As opiniões de um povo nascem de sua constituição. Ainda que as leis não regularizem os costumes, é a legislação que os faz nascer: quando a legislação enfraquece, os costumes se degeneram: mas então o juízo dos censores não fará o que a força das leis não tenha feito. Resulta daí que a censura pode ser útil para conservar os costumes, mas nunca para restabelecê-los. Estabelecei censores durante a vigência das leis; pois, tão logo elas a percam, reina o desespero; nada mais de legítimo terá força quando as leis não a tiverem mais.

A censura mantém os costumes ao impedir que as opiniões se corrompam, conservando a sua retidão por aplicações sábias, até mesmo, por vezes, fixando-as quando ainda são incertas. A prática dos segundos nos duelos, levada até o furor no reino da França, foi abolida ali por essas simples palavras de um decreto do rei: "Àqueles que têm a covardia de chamar os segundos". Este juízo, prevenindo o do público, determinou-o de um só golpe. Mas quando os mesmos decretos quiseram pronunciar que era uma covardia lutar em duelo, o que é bem verdade mas contrário à opinião comum, o público zombou dessa decisão, acerca da qual já havia feito o seu juízo.

Já disse alhures que não estando a opinião pública de todo submetida à restrição, não era preciso vestígio algum no tribunal estabelecido para representá-la. Não se consegue admirar o bastante com quanta arte esse recurso, inteiramente perdido entre os modernos, era posto em prática entre os romanos, e até melhor entre os espartanos.

Quando um homem de maus costumes levantava um bom ponto no conselho de Esparta, os éforos, sem tomá-lo em conta, propunham o mesmo ponto por meio de um cidadão virtuoso. Que honra para um e que desgraça para o outro, sem que se haja dado nem elogio nem reprimenda a nenhum dos dois! Uns certos bêbados de Samos emporcalharam o tribunal dos éforos: no dia seguinte, por édito público, estava permitido aos sâmios comportar-se como asquerosos. Um castigo verdadeiro teria sido menos severo do que uma impunidade dessas. Quando Esparta se pronunciou sobre o que é e o que não é honesto, a Grécia não apelou contra seus juízos.

8

Da religião civil

Os homens não tinham no princípio outros reis além dos deuses, nem outro governo que não fosse o teocrático. Fizeram o raciocínio de Calígula; e, portanto, raciocinaram com justeza. Precisa-se de uma longa alteração de sentimentos e de ideias para que se possa vir a decidir tomar ao seu próximo como senhor, e se gabar de estar encontrando aí um bem.

Do simples fato de colocar a Deus à frente de cada sociedade política, resultava que havia tantos deuses quanto havia povos. Dois povos estrangeiros um ao outro, e quase sempre inimigos, não podiam por muito tempo reconhecer um mesmo senhor: dois exércitos se apresentando em batalha não conseguiriam obedecer ao mesmo chefe. Assim, das divisões nacionais resultou o politeísmo, bem como da intolerância teológica e civil, que naturalmente é a mesma, como será dito adiante.

A fantasia que nutriam os gregos era a de encontrar os seus deuses entre os povos bárbaros, que vinha de outra fantasia: a que tinham de julgar-se como os soberanos naturais desses povos. É do nosso tempo, porém, uma erudição bem ridícula que se ocupa de equiparar deuses de diversas nações: como se Moloque, Saturno e Crono pudessem ser o mesmo deus! Como se o Baal dos fenícios, o Zeus dos gregos e o Júpiter dos latinos pudessem ser o mesmo! Como se pudesse restar alguma coisa comum a seres quiméricos que levam nomes diferentes!

E perguntam como no paganismo, onde cada Estado tinha o seu culto e os seus deuses, inexistiam guerras religiosas; respondo que era justamente porque cada Estado, tendo o seu próprio culto assim como tinha o seu governo, não distinguia os seus deuses de suas leis. A guerra política era também teológica; os departamentos dos deuses eram, por assim dizer, fixados pelos limites das nações. O deus de um povo não tinha nenhum direito sobre os outros povos. Os deuses dos pagãos não eram, de todo, deuses ciumentos; entre eles partilhavam o império do mundo: Moisés mesmo, e o povo hebreu, apontavam às vezes para essa ideia ao falar do Deus de Israel. Viam, é verdade, como nulos os deuses dos cananeus, povos proscritos, destinados à destruição, e de quem deveriam ocupar o lugar; mas reparem como falavam das divindades dos povos vizinhos, aos quais eram proibidos de atacar: "A posse do que pertence a Chamos, vosso deus", dizia Jefté aos amonitas, "não vos é legitimamente devida? Possuímos o mesmo título das terras que nosso Deus vencedor adquiriu para si". Eis aí, julgo, uma paridade bem reconhecida entre os direitos de Chamos e os do Deus de Israel.

Mas quando os judeus submetidos aos reis da Babilônia, e em seguida aos reis da Síria, quiseram se obstinar a não reconhecer nenhum outro deus que não o seu, essa recusa, vista como uma rebelião contra o vencedor, lhes trouxe as perseguições que se leem em sua história, e que não se veem em nenhum outro exemplo antes do cristianismo. Cada religião era, portanto, unicamente associada às leis do Estado que a prescrevia; não havia outra maneira de converter um povo a não ser subjugando-o, nem outros missionários a não ser os conquistadores; e sendo a obrigação de mudar de culto a lei dos vencidos, era preciso começar a vencer antes de falar. Longe de os homens combaterem por deuses, antes eram, como em Homero, os deuses que combatiam pelos homens; cada um rogava ao seu a vitória, e pagava-a com novos altares. Os romanos, antes de tomar um lugar, ordenavam aos deuses dali que o abandonassem; e quando deixaram aos tarentinos os seus deuses irritados, é porque viam esses deuses como submetidos aos seus, e forçados a lhes prestar homenagem. Deixavam aos vencidos os seus deuses como deixavam as suas leis. Uma coroa ao Júpiter do Capitólio era muitas vezes o único tributo que impunham.

Enfim, os romanos, havendo estendido com o seu império o seu culto e seus deuses, e muitas vezes eles próprios adotado os dos vencidos, ao acordar tanto a uns quanto a outros o direito da cidade, os povos desse vasto império encontravam-se com uma insensata infinidade de deuses e de cultos, que eram um pouco os mesmos por todo lado: eis, enfim, como o paganismo foi no mundo conhecido uma só e mesma religião.

Foi nessas circunstâncias que Jesus veio estabelecer sobre a Terra um reino espiritual, o que, separando o sistema teológico do sistema político, fez que o Estado cessasse de ser um, e causou as divisões intestinas que nunca deixaram de agitar os povos cristãos. Ora, não havendo jamais podido entrar na cabeça dos pagãos essa ideia nova de um reino de outro mundo, viram eles, sempre, os cristãos como verdadeiros rebeldes que, sob uma hipócrita submissão, buscavam apenas o momento de tornar-se independentes e senhores, e de usurpar agilmente a autoridade que fingiam respeitar em sua fraqueza. Esta foi a causa das perseguições.

O que os pagãos temiam aconteceu. Então tudo mudou de face; os humildes cristãos mudaram de linguagem, e logo se viu esse suposto reino do outro mundo tornar-se, sob um chefe visível, o mais violento despotismo neste daqui.

Não obstante, como sempre houve um príncipe e leis civis, resultou dessa dupla autoridade um perpétuo conflito de jurisdição que fez com que toda boa institucionalização política se tornasse impossível nos Estados

Do Contrato Social

cristãos; e nunca se logrou de fato saber a qual senhor ou sacerdote estava-
-se obrigado a obedecer.

Vários povos, entretanto, mesmo na Europa ou na sua vizinhança, quiseram conservar ou restabelecer o antigo sistema, porém sem sucesso. O espírito do cristianismo tudo ganhou. O culto sagrado ficou ou reapareceu sempre como independente do soberano, e sem ligação necessária com o corpo do Estado. Mohammed, profeta do Islã, teve uma sã visão, ligando bem o seu sistema político; e embora a forma de seu governo tenha subsistido sob os califas, seus sucessores, esse governo foi de fato único, e bom nisso. Mas os árabes, tornando-se prósperos, cultos, polidos, suaves e folgados, foram subjugados pelos bárbaros: então a divisão entre as duas autoridades recomeçou. Ainda que seja menos aparente entre os muçulmanos do que entre os cristãos, em todo caso está lá, sobretudo na seita de Ali; e existem Estados, tal como a Pérsia, onde não deixa de se fazer sentir.

Entre nós, os reis da Inglaterra se estabeleceram chefes da Igreja; assim também procederam os czares russos – mas, por esse título, se fizeram mais ministros do que senhores, dotando-se mais do poder de manter as leis do que do direito de modificá-las; não foram legisladores, mas apenas príncipes. Em toda parte onde o clero constitui um corpo, ele é senhor e legislador em sua pátria. Há, assim, duas autoridades, dois soberanos, na Inglaterra e na Rússia, tal como em outros lugares.

De todos os autores cristãos, o filósofo Hobbes foi o único a enxergar direito o mal e o remédio, e ousou propor reunir as duas cabeças da águia, e trazer tudo para a unidade política, sem a qual jamais nem Estado nem governo serão bem constituídos. Contudo ele precisou ver que o espírito dominante do cristianismo era incompatível com seu sistema, e que o interesse do sacerdote seria sempre mais forte do que o do Estado. Não é tanto pelo que há de horrível e falso na sua política, mas pelo que há de justo e verdadeiro, que ela se fez tão odiosa.

Creio que ao desenvolver sob esse ponto de vista os fatos históricos, há de refutar com facilidade os sentimentos opostos de Bayle, e de Warburton, em que um defende a tese de nenhuma religião seja útil ao corpo político, e o outro sustenta que, pelo contrário, o cristianismo é o seu mais firme apoio. Ao primeiro provaríamos que nunca foi fundado um Estado ao qual a religião não lhe tenha servido de base; e ao segundo que a lei cristã é, no fundo, mais prejudicial do que útil à forte constituição do Estado. Para conseguir me fazer compreender, basta dar um pouco mais de precisão às ideias demasiado vagas de religião relativas a meu tema.

A religião, considerada diante da sociedade, que é ou geral ou particular, pode também se dividir em dois tipos: a saber, a religião do homem e a do cidadão. A primeira, sem templos, sem altares, sem ritos, restrita ao culto puramente interior do Deus supremo e às obrigações eternas da moral, é a pura e simples religião do Evangelho, o verdadeiro teísmo, e aquilo que podemos chamar de direito divino natural. A outra, inscrita em um só país, atribui-lhe os seus deuses, seus próprios padroeiros e tutelares. Ela tem os seus dogmas, seus ritos, seu culto exterior prescrito por leis: fora a nação que a segue, tudo o mais é para ela infiel, estrangeiro, bárbaro; ela só estende os direitos e deveres do homem à distância dos seus altares. Tais foram todas as religiões dos primeiros povos, às quais se pode dar o nome de direito divino civil ou positivo.

Há uma terceira espécie de religião, mais estranha, que, dando aos homens duas legislações, dois chefes, duas pátrias, submete-os a deveres contraditórios e os impede de poder ser ao mesmo tempo devotos e cidadãos. Assim é a religião dos Lamas, assim é a dos japoneses, assim é o cristianismo romano. Pode-se chamar a isso de religião do sacerdote. Resulta daí uma espécie de direito misto e insociável que carece de nome.

A considerar politicamente esses três tipos de religiões, todas têm os seus defeitos. A primeira é tão obviamente má que seria uma perda de tempo entreter-se a demonstrá-los. Tudo que rompa a unidade social não vale nada; todas as instituições que põem o homem em contradição consigo mesmo não valem nada.

A segunda é boa por reunir o culto divino e o amor das leis, e que, fazendo da pátria objeto de adoração dos cidadãos, lhes ensina que servir o Estado é servir ao deus tutelar. É uma espécie de teocracia na qual não

Do Contrato Social

se deve ter outro pontífice além do príncipe, nem outros sacerdotes além do magistrado. Assim, morrer por seu país é ir ao encontro do martírio; violar as leis é ser ímpio; e submeter um culpado à execração pública é dedicá-lo à ira dos deuses: *Sacer esto*[14].

Todavia ela é má por ser fundada no erro e na mentira, enganando os homens, fazendo deles crédulos, supersticiosos, e afogando o verdadeiro culto da Divindade em uma cerimônia vã. É má, ainda, quando, ao se tornar exclusiva e tirânica, deixa um povo sanguinário e intolerante, de modo que ele não respire senão morte e massacre, e acredita empreender uma ação santa ao matar quem quer que não admita os seus deuses. Isso põe um tal povo em um estado natural de guerra contra todos os outros, muito prejudicial à sua própria segurança.

Resta, então, a religião do homem ou o cristianismo, não o dos nossos tempos, mas o do Evangelho, que é completamente diferente. Por essa religião santa, sublime, verdadeira, os homens, filhos do mesmo Deus, se reconhecem todos como irmãos, e a sociedade que os une não se dissolve nem mesmo na morte.

Mas não tendo essa religião nenhuma relação particular com o corpo político, deixa às leis a única força que elas tiram delas mesmas sem lhes adicionar nenhuma outra; e por isso um dos grandes elos da sociedade particular fica sem efeito. E bem mais: longe de associar o coração dos cidadãos ao Estado, ela os desassocia dele e de todas as coisas da Terra. Desconheço algo mais contrário ao espírito social.

Dizem-nos que um povo de cristãos verdadeiros formaria a sociedade mais perfeita que se poderia imaginar. A essa suposição só vejo uma grande dificuldade: que uma sociedade de cristãos verdadeiros não seria mais uma sociedade de homens.

Digo, inclusive, que essa pretensa sociedade não seria, com toda a sua perfeição, nem a mais forte nem a mais durável; de tão perfeita careceria

---

[14] Expressão em latim que significa, em português, "Condenado seja aos deuses do inferno". (N.T.)

de elo; seu vício destruidor estaria na sua própria perfeição. Cada um cumpriria o seu dever; o povo seria submetido às leis, os chefes seriam justos e moderados, os magistrados íntegros, incorruptíveis; os soldados desprezariam a morte; não existiriam nem vaidade nem luxo; tudo isso está muito bem; mas enxerguemos mais longe.

O cristianismo é uma religião toda espiritual, ocupada unicamente das coisas do céu; a pátria do cristão não é deste mundo. Ele cumpre a sua obrigação, é verdade, mas o faz com uma profunda indiferença sobre o bom ou o mau sucesso dos seus cuidados. Certo de que não haja nada a reprovar, pouco lhe importa que tudo vá bem ou vá mal cá embaixo. Se o Estado prospera, ele quase não ousa gozar da felicidade pública; teme orgulhar-se da glória do seu país; se o Estado se debilita, ele glorifica a mão de Deus que se faz pesar sobre o seu povo.

Para que a sociedade fosse aprazível e que a harmonia se mantivesse, seria necessário que todos os cidadãos, sem exceção, fossem igualmente bons cristãos: mas se, infelizmente, nela se encontrasse um só ambicioso, um só hipócrita, um Catilina, por exemplo, um Cromwell, muito seguramente que esse teria grande jugo sobre os seus piedosos compatriotas. A caridade cristã não permite que se pense mal do seu próximo facilmente. Mal ele encontrasse por qualquer artimanha a arte de se impor sobre o povo e de se apropriar de uma parte da autoridade pública, veriam um homem constituído em dignidade; que Deus quereria que fosse respeitado, assim que surgisse uma autoridade; que Deus quereria que fosse obedecido. Se o depositário dessa autoridade abusa dela, é a vara com que Deus pune os seus filhos. Se atingissem a consciência de afastar o usurpador, isso requereria o distúrbio da paz pública e o uso da violência que verte sangue: tudo isso se acorda mal com a suavidade do cristão, e, ao fim, o que importa ser livre ou ser servo nesse vale de misérias? O essencial é ir ao paraíso, e a resignação é somente mais um meio para isso.

Se surge alguma guerra estrangeira, os cidadãos marcham sem dificuldade ao combate; nenhum deles busca fugir; fazem o seu dever, mas

DO CONTRATO SOCIAL

sem paixão pela vitória; sabem melhor morrer do que vencer. Que sejam vencedores ou vencidos, que importa? A Providência não sabe melhor do que eles o que lhes é devido? Imaginem que vantagem um inimigo orgulhoso, impetuoso e passional não pode tirar desse estoicismo! Colocai à frente deles esses povos generosos que devoravam o ardente amor da glória e da pátria, imaginem a vossa república cristã diante de Esparta ou de Roma: os piedosos cristãos seriam derrotados, esmagados, destruídos antes de ter tido tempo de se reconhecer, ou até deveriam a sua salvação ao desprezo que o seu inimigo nutriria por eles. Era um belo juramento, na minha opinião, o dos soldados de Fábio: não juravam morrer ou vencer, mas voltar vencedores, e seguiam o juramento. Nunca os cristãos ousariam algo assim, pois acreditariam com isso tentar a Deus. Todavia, me engano quando falo de república cristã. Cada um desses dois termos exclui o outro. O cristianismo prega somente servidão e dependência. Seu espírito é demasiado favorável à tirania para que ela não se aproveite sempre. Os verdadeiros cristãos são feitos para se tornar escravos; eles sabem disso e pouco se comovem; essa curta vida tem muito pouco valor aos seus olhos.

As tropas cristãs são excelentes, dizem. Eu nego. Mostrem-me. Quanto a mim, não conheço tropas cristãs. Hão de me citar as Cruzadas. Sem disputar quanto ao valor dos cruzados, observarei que, muito longe de serem cristãos, eram soldados do sacerdote, eram cidadãos da Igreja: combatiam pelo seu país espiritual, que a Igreja tornou temporal sabe-se lá como. Bem entendido, isso entra na categoria do paganismo: como o Evangelho não estabelece uma religião nacional, toda guerra santa é impossível entre os cristãos.

Sob os imperadores pagãos, os soldados cristãos eram bravos; todos os autores cristãos assim asseguram, e eu acredito: era uma emulação de honra contra as tropas pagãs. Desde que os imperadores passaram a ser cristãos, essa emulação deixou de existir; e, quando a cruz destronou a águia, todo valor romano desapareceu.

Deixando, porém, de lado as considerações políticas, retornemos ao direito, e fixemos os princípios sobre este ponto importante. O direito que o pacto social dá ao soberano sobre os sujeitos não passa, como já disse, dos limites da utilidade pública. Os sujeitos, portanto, não devem prestação de contas ao soberano das suas opiniões, a não ser na medida em que essas opiniões importem à comunidade. Ora, importa bastante ao Estado que cada cidadão possua uma religião que lhe faça amar as suas obrigações; mas os dogmas dessa religião não interessam nem ao Estado nem aos seus membros, a não ser na medida em que esses dogmas se relacionem com a moral e os deveres que aquele que a professa seja obrigado a cumprir para com outrem. Cada um pode ter tantas opiniões quanto queira sem que pertença ao soberano o direito de conhecê-las; pois como ele não tem competência no outro mundo, qualquer que seja a sorte dos sujeitos na vida futura não é da sua conta, desde que sejam bons cidadãos nesta aqui.

Há, portanto, uma profissão de fé puramente civil à qual cabe ao soberano fixar os artigos, não precisamente como dogmas de religião, mas como sentimentos de sociabilidade sem os quais é impossível ser bom cidadão ou sujeito fiel. Sem poder obrigar ninguém a neles crer, o soberano pode banir do Estado quem quer que não acredite; pode banir não como ímpio, mas como insociável, como incapaz de amar sinceramente as leis, a justiça, e de imolar a sua vida ao dever de acordo com a necessidade. Se alguém, depois de ter reconhecido publicamente esses mesmos dogmas, se conduz como descrente deles, será punido com a morte, pois cometeu o maior dos crimes: o de mentir perante as leis.

Os dogmas da religião civil devem ser simples, em pequena quantidade, anunciados com precisão, sem explicações e sem comentários. A existência da Divindade poderosa, inteligente, benfeitora, previdente e providente, da vida no outro mundo, do regozijo dos justos, do castigo dos vilões, da santidade do contrato social e das leis: eis os dogmas positivos. Quanto aos dogmas negativos, limito-os a somente um, o da intolerância: ela entra nos cultos que excluímos.

Os que distinguem a intolerância civil da intolerância teológica se enganam, a meu ver. Essas duas intolerâncias são inseparáveis. É impossível viver em paz com pessoas que acreditamos condenadas; amá-las seria odiar a Deus, que os pune: é absolutamente necessário que as conquistemos ou que as atormentemos. Em todo lugar onde a intolerância teológica é admitida, é impossível que ela não tenha algum efeito civil; e tão logo o tenha, o soberano não é mais soberano, mesmo do temporário: a partir daí os sacerdotes são os verdadeiros senhores, e os reis apenas os seus oficiais.

Agora que não há mais e que não pode haver mais religião nacional exclusiva, deve-se tolerar todas aquelas que toleram as outras, tanto quanto os seus dogmas não tenham nada contrário aos deveres do cidadão. Quem quer que ouse dizer, porém, que fora da Igreja não existe salvação deve ser expulso do Estado, exceto se o Estado for a Igreja, e o príncipe o pontífice. Um dogma assim só é bom num governo teocrático; em qualquer outro é pernicioso. A razão pela qual se diz que Henrique IV abraçou a religião romana deveria fazer com que todo homem honesto dela se afastasse, e sobretudo todo príncipe que soubesse raciocinar.

9

Conclusão

Após ter colocado os princípios verdadeiros do direito político e buscado fundar o Estado sobre esta base, restaria apoiá-lo por suas relações externas, o que compreenderia o direito dos povos, o comércio, o direito da guerra e as conquistas, o direito público, as ligas, as negociações, os tratados, etc. Mas tudo isso forma um novo objeto, deveras vasto para a minha vista curta: tive de fixá-la sempre mais próxima de mim.